Ute Schottmüller-Einwag

Der Kunde im Mittelpunkt der Wertschöpfung:

Muss oder Mythos?

IGEL Verlag

Ute Schottmüller-Einwag

Der Kunde im Mittelpunkt der Wertschöpfung:
Muss oder Mythos?

1. Auflage 2009 | ISBN: 978-3-86815-272-2

© IGEL Verlag GmbH, 2009. Alle Rechte vorbehalten.

Die Deutsche Nationalbibliothek verzeichnet diesen Titel in der Deutschen Nationalbibliografie. Bibliografische Daten sind unter http://dnb.d-nb.de verfügbar.

Dieses Fachbuch wurde nach bestem Wissen und mit größtmöglicher Sorgfalt erstellt. Im Hinblick auf das Produkthaftungsgesetz weisen Autoren und Verlag darauf hin, dass inhaltliche Fehler und Änderungen nach Drucklegung dennoch nicht auszuschließen sind. Aus diesem Grund übernehmen Verlag und Autoren keine Haftung und Gewährleistung. Alle Angaben erfolgen ohne Gewähr.

IGEL Verlag

Dieses Buch widme ich meinen lieben Eltern. Sie habe mich stets gefordert und – weit über das übliche Maß hinaus – großzügig gefördert. Nur mit Ihrer Unterstützung war es möglich, dieses Buch zu schreiben.

Mein besonderer Dank gilt meinem geliebten Mann, der mir mein BWL-Studium neben Beruf und Familie ermöglicht hat. Mit ihm konnte bis tief in die Nacht hinein Theorien und Formeln diskutieren und weiterentwickeln.

Ute Schottmüller-Einwag

Diplom-Kauffrau und Volljuristin

Inhaltsverzeichnis

1	**Einleitung**	1
2	**Phänomen der interaktiven Wertschöpfung durch Kundenintegration**	3
2.1	Definitionen und Abgrenzungen	3
2.2	Kundenintegrationsformen in Abhängigkeit von der Stufe der Kundeneinbeziehung in Aktivitäten der Wertschöpfung	5
2.2.1	Überblick	5
2.2.2	Schwerpunkt: Kundenintegration in die Produktentwicklung	8
2.2.3	Schwerpunkt: Kundenintegration in die Produktherstellung	9
2.3	Vergleich der beiden Schwerpunktformen	9
3	**Möglichkeiten und Grenzen der Kundenintegration in die Wertschöpfung**	11
3.1	Möglichkeiten und Grenzen der Kundenintegration in die Produktentwicklung	11
3.1.1	Kundeneigenschaften	11
3.1.2	Erzielung von Wettbewerbsvorteilen	13
3.1.3	Veränderungen in der Geschäftsbeziehung zwischen Anbieter und Kunde	14
3.1.4	Ablehnung durch die Mitarbeiter des Anbieters	16
3.1.5	Kosten	17
3.2	Notwendigkeit einer Einzelfallabwägung	18
3.3	Möglichkeiten und Grenzen der Kundenintegration in die Produktherstellung	18
3.3.1	Kundeneigenschaften	18
3.3.2	Veränderungen und Erweiterungen der Marktchancen	20
3.3.3	Veränderungen des Absatz- und Produktionsrisikos	21
3.3.4	Kostengestaltung der Kundenintegration	22
3.4	Notwendigkeit einer Einzelfallabwägung	23
4	**Optimierte Kundenintegration**	24
4.1	Optimierte Kundenintegration in die Produktentwicklung	24
4.1.1	Gestaltung der optimierten Kundenintegration nach der Ressourcenabhängigkeitstheorie	24
4.1.2	Optimierungspotenziale für den Anbieter	25
4.1.3	Rahmenbedingungen für eine erfolgreiche Kundenintegration	31
4.2	Profile für eine erfolgreiche Kundenintegration	37
4.3	Optimierte Kundenintegration in die Produktherstellung	38
4.3.1	Gestaltung der optimierten Kundenintegration nach der Transaktionskostentheorie	38
4.3.2	Optimierungspotenziale für den Anbieter	41
4.3.3	Rahmenbedingungen für eine erfolgreiche Kundenintegration	45
4.4	Profile für eine erfolgreiche Kundenintegration	47
5	**Fazit**	49
	Literaturverzeichnis	51

Abbildungsverzeichnis

Abb. 1: Kundenintegration in verschiedene Wertschöpfungsaktivitäten, dargestellt an der Wertkette nach Porter   5

Abb. 2: Kundenintegration in die Neuproduktentwicklung (radikale Innovation)   37

Abb. 3: Kundenintegration in die Produktherstellung (BtC), Ziel: hoher Produktivität   47

Abb. 4: Struktur der Anbieterentscheidung für die interaktive Wertschöpfung   49

Abkürzungsverzeichnis

Abb.	Abbildung
BtB	Business to Business, Geschäftsmodelle, gerichtet an Unternehmenskunden
BtC	Business to Consumer, Geschäftsmodelle, gerichtet an Privatkunden
IT	Informationstechnologie
Kd.	Kunde
PC	Personal Computer

1 Einleitung

Die industrielle Massenfertigung für einen anonymen Absatzmarkt hat zu Beginn des letzten Jahrhunderts die klassische Einzelfertigung auf Bestellung abgelöst und war während der ersten acht Jahrzehnte des 20. Jahrhunderts die vorherrschende Produktionsform.[1] Für den Kunden bedeutet diese Form eine Reduktion seiner Beteiligung auf eine ja/nein-Entscheidung über den Kauf eines Produktes. Gründe für diese lange dominierende Produktionsform waren stabile Absatzmärkte mit einer begrenzten Zahl von Anbietern, ungesättigter Nachfrage und relativ langen Produktlebenszyklen.[2]

Diese Marktgegebenheiten haben sich in den vergangenen drei Jahrzehnten rasant verändert: Absatzmärkte sind heute global, durch das Internet sehr transparent,[3] in den Schwellenländern schnell wachsend[4] und mit einer unüberschaubaren Zahl von Anbietern sehr wettbewerbsintensiv. Heterogene und schnell wechselnde Kundenbedürfnisse führen zu stark segmentierten BtB und BtC-Märkten.[5] BtB-Geschäftsmodelle sind an Unternehmenskunden gerichtet, BtC an Privatkunden.

Eine mögliche Reaktion der Anbieter auf diese Veränderungen ist die Differenzierung der Leistung mit dem Ziel, diese unterschiedlichen und veränderlichen Kundenbedürfnisse besser zu erfüllen. Dazu kann der Anbieter den Kunden in die verschiedenen Stufen der Wertschöpfung integrieren. Kundenintegration ist derzeit ein schillernder Trend, der von Wissenschaft und Praxis in allen Facetten diskutiert wird. Teilweise wird dieser Trend mit großer Euphorie[6] wie ein Mythos verbreitet, der versucht, trotz eines zunehmenden Pluralismus ein allgemeingültiges Handlungsmuster zu behaupten.[7] Teilweise wird der Kundenintegration auch eher mit Skepsis begegnet.[8] In einigen Branchen hat die Wertschöpfung durch Kunden bereits einen immensen Umfang angenommen. Für die Halbleiterbranche

---

[1] Reichwald, R./Piller, F.: Co-Produktion, 2003, S. 515; Brockhoff, K.: Konflikte, 2005, S. 860.
[2] Reichwald, R./Piller, F.: Co-Produktion, 2003, S. 515.
[3] Reichwald, R./Piller, F.: Customer Integration, 2002, S. 4.
[4] IBM Studie: Unternehmen der Zukunft, 2008, S. 24.
[5] Förster, A./Kreuz, P.: Marketing-Trends, 2006, S. 134; Reichwald, R./Piller, F.: Interaktive Wertschöpfung, 2006, S. 8, 21.
[6] Piller, F./Müller, M.: Kundenorientierung, 2003, S. 56 m.w.N; Reichwald, R./Piller, F.: Interaktive Wertschöpfung, 2006, S. 149.
[7] Vgl. Wikipedia: Mythos, 2008, o.S.
[8] Vgl. Zipkin, P.: Limits, 2001, S. 86; Kausch, C.: Risk-Benefit Perspective, 2007, S. 210.

belief sich die Wertschöpfung durch den Kunden im Jahr 2000 bereits auf ca. 6 Milliarden US $.[9]

Mit dieser Untersuchung soll das Phänomen der interaktiven Wertschöpfung analysiert und deren Möglichkeiten und Grenzen dargestellt werden. Weitere Ziele dieser Untersuchung sind die Darstellung, ob und wie der Kunde im Mittelpunkt der Wertschöpfung stehen sollte, und die Identifikation von Optimierungspotenzialen für den Anbieter.

Dabei erfolgt die Darstellung des Themas aus der Unternehmensperspektive. Zur Vereinfachung wird im Folgenden immer die Formulierung Anbieter und Kunden gewählt. Sprachlich wird nicht zwischen Kunde und Nutzer differenziert und der Begriff Kunde umfasst Geschäfts- und Privatkunden. Wo diese Unterscheidungen erforderlich erscheinen, werden sie getroffen.

---

[9] Thomke, S./Von Hippel, E.: Customers, 2002, S. 80.

2 Phänomen der interaktiven Wertschöpfung durch Kundenintegration

2.1 Definitionen und Abgrenzungen

Zunächst werden die Begriffe Wertschöpfung, Kundeninteraktion, Kundenintegration und interaktive Wertschöpfung definiert:

Die betriebliche Wertschöpfung ist Teil der volkswirtschaftlichen Gesamtrechnung und wird definiert als „Differenz zwischen den von einem Unternehmen abgegebenen Leistungen und den von dem Unternehmen übernommenen Leistungen (Vorleistungen)".[10]

In diese Wertschöpfung eines Unternehmens kann der Kunde in unterschiedlichem Umfang mittels Kundeninteraktion(en) eingebunden werden. Unter Interaktion versteht man die „wechselseitige Beziehung, die sich über unmittelbare oder mittelbare Kontakte zwischen zwei oder mehr Personen ergibt, das heißt die Summe dessen, was zwischen Personen in Aktion und Reaktion geschieht".[11] Daraus lassen sich zwei wesentliche Merkmale ableiten: Zum einen treten mindestens zwei Individuen miteinander in Kontakt und zum anderen beeinflussen sich ihre Handlungen gegenseitig.[12] Kundeninteraktion bedeutet also, dass Anbieter und Kunde miteinander in Form von Aktion und Reaktion in Kontakt treten und sich ihre Handlungen gegenseitig beeinflussen. Wikström hat Kundeninteraktion deshalb so definiert: „Interaction means that the consumers now take part in activities and processes which used to be seen as the domain of the companies.[13] Diese Definition zeigt zusätzlich den Entwicklungstrend hin zu einem höheren Interaktionsgrad mit dem Kunden.

Wegen der großen sprachlichen und inhaltlichen Nähe soll der Begriff der Kundenintegration von dem der Kundeninteraktion abgegrenzt werden. Integration bezeichnet die „Herstellung einer Einheit oder Eingliederung in ein größeres Ganzes".[14] Der Kunde wird also in die Prozesse des Anbieters eingegliedert. Dabei kann die Integration aus einer oder mehreren Interaktionen bestehen. Wenn die Integration nur aus einer Interaktion besteht, z. B. Einkauf beim Bäcker, dann sind die beiden Begriffe de-

---

[10] Wirtschaftslexion24: Wertschöpfung, 2008, o.S.
[11] Gabler Wirtschaftslexikon: Interaktion, 1988, S. 1524; Reichwald, R./Piller F.: Interaktive Wertschöpfung, 2006, S. 45.
[12] Büttgen, M.: Kundenintegration, 2007, S. 15.
[13] Wikström, S.: Value Creation, 1996, S. 361, Übersetzung der Autorin: Interaktion mit dem Kunden bedeutet, dass dieser heute an Aktivitäten und Prozessen teilnimmt, die bisher als Herstellerdomäne galten.
[14] Gabler Wirtschaftslexikon, Integration, 1988, S. 1519.

ckungsgleich.[15] Wenn die Integration jedoch aus mehreren Interaktionen besteht, dann ist Kundenintegration der umfassendere Begriff. Die Interaktionen sind Teil der Integration.[16] Ein weiterer Unterschied zwischen den beiden Begriffen besteht darin, dass die Integration auch in automatisierter Form möglich ist, während die Interaktion definitionsgemäß zwischen Personen stattfindet.[17] Kundenintegration kann auch definiert werden als „Kombination von Informationen und Wissen aus der Domäne des Kunden mit internen Faktoren des Anbieterunternehmens als Voraussetzung der Leistungserstellung".[18]

Interaktive Wertschöpfung beschreibt „einen Prozess der kooperativen und freiwilligen Zusammenarbeit zwischen Hersteller und Kunde zwischen den Extremen einer gänzlich hersteller- bzw. gänzlich kundendominierten Wertschöpfung. Die Zusammenarbeit kann sich sowohl auf operative Aktivitäten als auch auf eine Produktentwicklung (…) beziehen."[19] Wichtig ist dabei das Merkmal der Freiwilligkeit, das die interaktive Wertschöpfung von der mit dem Ziel der Effizienzsteigerung eingeführten zwingenden Auslagerung von Aktivitäten auf den Kunden, z. B. Möbelmontage bei IKEA, unterscheidet.[20] Aus der Definition der Interaktion ergibt sich als zweites wichtiges Kriterium die Tatsache, dass Aktionen des Kunden auch die Reaktionen des Anbieters beeinflussen. Der Kunde erhält also bei interaktiver Wertschöpfung während der Wertschöpfung Einfluss- und Gestaltungsmöglichkeiten, die den geschaffenen Wert entweder durch eine Reduktion der Kosten (Kosten- oder Effizienzvorteil[21]) oder durch eine Erhöhung der Zahlungsbereitschaft des Kunden infolge der Individualisierung (Effektivitätsvorteil[22]) erhöhen.[23] Die Aufgabe des Anbieters besteht bei interaktiver Wertschöpfung darin, dem Kunden geeignete Strukturen und Technologien bereitzustellen, damit dieser seinen eigenen Wert schaffen kann.[24]

---

[15] Büttgen, M.: Kundenintegration, 2007, S. 16.
[16] Vgl. Piller, F./Müller, M.: Kundenorientierung, 2003, S. 59.
[17] Büttgen, M.: Kundenintegration, 2007, S. 16 mit weiteren Nachweisen auch für die gegenteilige Ansicht.
[18] Reichwald, R./Piller, F.: Interaktive Wertschöpfung, 2006, S. 49; Poznanski, S.: Kundenintegration, 2007, S. 13.
[19] Reichwald, R./Piller, F.: Interaktive Wertschöpfung, 2006, S. 44.
[20] Anderer Ansicht: Wikström, S.: Value Creation 1996, S. 366.
[21] Vgl. Porter, M. E.: Wettbewerbsvorteile, 2000, S. 70; Pozanski, S.: Kundenintegration, 2007, S. 10.
[22] Vgl. Reichwald, R./Piller F.: Interaktive Wertschöpfung, 2006, S. 11; Poznanski, S.: Kundenintegration, 2007, S. 11.
[23] Vgl. Piller, F./Müller, M.: Kundenorientierung 2003, S. 55.
[24] Vgl. Wikström, S.: Value Creation 1996, S. 362.

Weitere Definitionen erfolgen im Kontext der jeweiligen Anwendung.

2.2 Kundenintegrationsformen in Abhängigkeit von der Stufe der Kundeneinbeziehung in Aktivitäten der Wertschöpfung

2.2.1 Überblick

Kunden können nach der zeitlichen Abfolge in verschiedene Aktivitäten der Wertschöpfungskette nach Porter mit dem Ziel integriert werden, Produkte zu schaffen, die den individuellen Kundenbedürfnissen besser entsprechen.[25] Die Wertschöpfungskette stellt den Zusammenhang der einzelnen Wertschöpfungsaktivitäten dar, die zusammen den Wettbewerbsvorteil eines Unternehmens ergeben. Dieser Wettbewerbsvorteil ergibt sich entweder als Kostenvorteil, wenn die Aktivitäten entsprechend günstig erbracht werden können, oder als Differenzierungsvorteil, wenn die Aktivitäten so konfiguriert werden, dass sich der Anbieter von den Wettbewerbern unterscheidet. Die Aktivitäten werden in primäre, z. B. Operation oder Marketing, und unterstützende Aktivitäten, z. B. Personalwirtschaft oder Technologieentwicklung, unterteilt.[26] Die verschiedenen Möglichkeiten der Integration zu unterschiedlichen Zeitpunkten soll in folgender Grafik dargestellt werden.

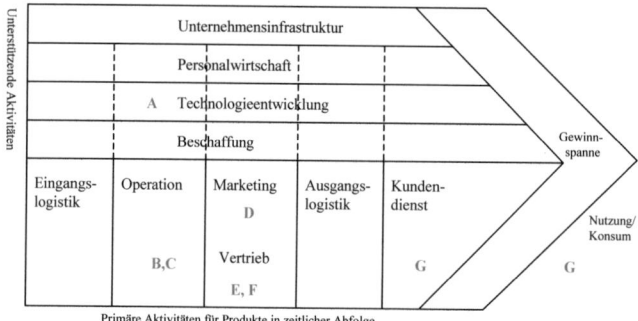

Abb. 1: *Kundenintegration in verschiedene Wertschöpfungsaktivitäten, dargestellt an der Wertkette nach Porter. (Porter, M. E.: Wettbewerbsvorteile 2000, S. 70)*

Die weitestgehende Integration findet statt, wenn Kunden bereits an der Produktentwicklung beteiligt werden (A), indem in einem Interaktionsprozess zwischen Anbieter und mehreren Kunden Kundenwissen

---

[25] Vgl. Piller, F./Ihl, C.: Mythos Mass Customization, 2002, S.15.
[26] Porter, M.: Wettbewerbsvorteile, 2000, S. 70.

und Kundenaktivitäten systematisch in die Anbieteraktivitäten zur Produktentwicklung integriert werden (engineer to order, open innovation).[27] Ziel dieser Integration ist die Verbesserung der Marktfähigkeit eines Produktes.[28] Die Entwicklung findet im sog. offenen Lösungsraum statt. Lösungsraum bedeutet „pre-existing capability and degrees of freedom built into a particular manufacturer's production system". [29] Das Ergebnis dieser gemeinsamen Entwicklung kann den Lösungsraum erweitern, das heißt, ein bisher nicht mögliches Produkt kann hergestellt oder ein neues Produktionsverfahren kann eingesetzt werden.

Diese Erweiterung des Lösungsraumes unterscheidet die Kundenintegration in die Produktentwicklung von der Kundenintegration in die Produktherstellung. Bei letzterer steht dem Kunden ein begrenzter Lösungsraum zur Verfügung, das heißt, der Kunde individualisiert durch Interaktion(en) sein Produkt im Rahmen vorgegebener Möglichkeiten.[30] Ziel dieser Kundenintegration ist die Herstellung eines kundenindividuellen Produktes.[31]

Eine Form der Kundenintegration in die Produktherstellung ist die kundenindividuelle Massenfertigung, „mass customization" genannt, als Herstellung individueller Güter für einen (relativ) großen Absatzmarkt unter Effizienzbedingungen ähnlich der Massenproduktion.[32] Die kundenindividuelle Massenfertigung kann verschiedene Intensitätsgrade aufweisen. Entweder geschieht die gesamte Produktion kundenindividuell (made to order/B) oder die Individualisierung geschieht erst bei der Montage von Standardkomponenten zu individuellen Produkten (assemble to order/C),[33] z. B. kann der Kunde beim Computeranbieter Dell seinen aus Standardkomponenten zusammengesetzten individuellen Computer

---

[27] Piller, F./Möslein, K.: economies of customer integration, 2002, S. 17; Reichwald, R./Piller, F.: Interaktive Wertschöpfung, 2006, S. 132.
[28] Poznanski, S.: Kundenintegration, 2007, S. 61.
[29] Von Hippel, E.: Democratizing, 2005, S. 156, Übersetzung der Autorin: Der Lösungsraum wird bestimmt durch die vorgegebene Möglichkeit und die Freiheitsgrade, über die das spezielle Produktionssystem einen Herstellers verfügt.
[30] Vgl. Reichwald, R./Piller, F.: Interaktive Wertschöpfung, 2006, S. 50.
[31] Poznanski, S.: Kundenintegration, 2007, S. 61.
[32] Vgl. Wikström, S.: Value Creation 1996, S. 364, dort wird mass customization allerdings unter dem Begriff development eingeordnet; Piller, F./Ihl, C.: Mythos Mass Custmization, 2002, S.3; Reichwald, R./Piller, F.: Interaktive Wertschöpfung, 2006, S. 50, 192.
[33] Piller, F./Möslein, K.: economies of customer integration, 2002, S. 17.

bestellen, der dann zusammengebaut wird.[34] Welche Form den Kundenbedürfnissen gerecht wird, hängt von Produkt und Markt ab.

Mit weiter abnehmendem Integrationsgrad können Kunden auch in die Vertriebs- oder Marketingaktivitäten integriert werden. In die Marketingaktivitäten wird der Kunde integriert, indem das Produkt standardisiert bleibt und lediglich die Präsentation und Vermarktung in Abhängigkeit von individuellen Kundenbedürfnissen oder Kundeninformationen geschieht (Cosmetic Customization/D).[35] Zum Beispiel stellen Anbieter kundenindividuelle Diätpläne im Internet bereit, die in Abhängigkeit von persönlichen Voraussetzungen, Zielen und Diätfortschritten des Kunden den Verzehr bestimmter Produkte oder Vitamine empfehlen.[36] Dieses kundenindividuelle Marketing kann Teil einer Lernbeziehung (learning relationship) zwischen Anbieter und Kunde werden, in der der Anbieter sein Produkt immer weiter verbessert, je mehr er über den Kunden sowie dessen Bedürfnisse und Präferenzen erfährt.[37] Kundenintegration in den Vertriebsprozess findet statt, wenn entweder bestehende Standardprodukte zu einem kundenindividuellen Bündel zusammengefügt werden, um dem Kundenbedürfnis besser zu entsprechen (bundle to order/E), oder wenn das Produkt gesucht wird, das dem individuellen Kundenbedürfnis am besten entspricht (locate to order/ match to order/F).[38] In den USA z. B. kann der Kunde sein mit bestimmten Merkmalen ausgestattetes Wunschauto in einem Computersystem aus dem bereits hergestellten Bestand suchen und liefern lassen.[39]

Schließlich kann eine Kundenintegration im Sinn einer wechselseitigen Interaktionsbeziehung zwischen Anbieter und Kunde auch erst bei der Nutzung erfolgen, indem der Kunde und/ oder der Kundendienst des Anbieters ein multifunktionales Produkt an die individuellen Kundenbedürfnisse anpasst (adaptive Customization/ adaptive Individualisierung/G).[40] Zum Beispiel erfolgt eine solche Individualisierung, wenn ein neuer Stan-

---

[34] Thomke, S./Von Hippel, E.: Customers 2002, S. 81; Förster, A./Kreuz, P.: Marketing-Trends, 2006, S. 136.
[35] Lampel, J./Mintzberg, H.: Customizing Customization, 1996, S. 24; Gilmore, J./Pine, J.: Four Faces, 1997, S. 93; Förster, A./Kreuz, P.: Marketing-Trends, S. 126, 127.
[36] Biltz, P.: Marketing 2002, S. 6.
[37] Pine, J./Peppers, D./Rogers, M.: Keep Customers Forever, 1995, S. 105.
[38] Piller, F./Möslein, K.: economies of customer integration, 2002, S. 17.
[39] Agrawal, M./Kumaresh, T./Mercer, G.: False Promise, 2001, S. 65.
[40] Vgl. Wikström, S.: Value Creation 1996, S. 368, 371; Gilmore, J./Pine, J.: Four Faces, 1997, S. 97; Zipkin, P.: Limits, 2001, S. 85.

dard-PC mit Software ausgestattet wird, Einstellungen vorgenommen werden und alte Datenbestände überspielt werden.

Prinzipiell gilt: Je später die Kundenintegration im Wertschöpfungsprozess erfolgt, desto geringer werden die Gestaltungsmöglichkeiten des Kunden (von A nach F absteigend) und desto geringer wird auch dessen Wertschöpfungsbeitrag. Kundenintegration in Produktentwicklung und Produktherstellung sind deshalb wichtige Formen der interaktiven Wertschöpfung und bilden die Schwerpunkte dieser Arbeit, weil der Kunde früh in die Wertschöpfung einbezogen wird.

Eine Ausnahme von dem dargestellten Prinzip der abnehmenden Wertschöpfung mit fortschreitender Zeit ist die adaptive Individualisierung vor oder während der Nutzung. Hier wird der Wert, den das Produkt für den Kunden hat, erhöht, indem das fertige Produkt an die individuellen Anforderungen des einzelnen Kunden angepasst wird.[41] Die Wertschöpfung an diesem Punkt der Wertkette wird in der Literatur kaum thematisiert, vermutlich weil es sich dabei in der Regel um eine weitere selbständige Dienstleistung handelt, die nicht mehr zum Geschäftsmodell des Produktherstellers gehört.

2.2.2 Schwerpunkt: Kundenintegration in die Produktentwicklung

Mit dem Ziel der Entwicklung eines besseren Produktes für den gesamten Markt werden einige Kunden in die Produktentwicklung integriert. Der Prozess der Produktentwicklung lässt sich nach Ernst in folgende fünf Phasen gliedern,[42] die jeweils gemeinsam mit dem Kunden stattfinden können:[43] In der Phase der Ideengenerierung und -bewertung kann der Kunde seine Ideen und Verbesserungsvorschläge einbringen, Innovationsideen aus der Kundensphäre transferieren und neue andere Ideen bewerten. Daran anschließend wird eine Konzeption erstellt, bewertet und ausgewählt. Der Kunde kann dabei Konzepte bewerten und seine Akzente setzen. In der Entwicklungsphase kann der Kunde z. B. Designvarianten beurteilen, Ideen zur Entwicklung beitragen und erste Prototypen fertigen. Kunden können in der Testphase die Marktakzeptanz beurteilen und Fehler suchen. Während der Markteinführung können Kunden die

---

[41] Wikström, S.: Value Creation, 1996, S. 361, 368, 371.
[42] Ernst, H.: Integration, 2004, S. S. 196; teilweise werden auch andere Phasen identifiziert, z. B. Knack, R.: Kooperation, 2006, S. 367.
[43] IBM Studie: Unternehmen der Zukunft, 2008, S. 29.

Verbreitung des Produktes beschleunigen und Anwendungserfahrung an den Anbieter weitergeben.[44]

2.2.3 Schwerpunkt: Kundenintegration in die Produktherstellung

Mit dem Ziel der Anpassung des einzelnen Produktes an die individuellen Bedürfnisse des Kunden wird hierbei jeder beteiligte Kunde in die Produktherstellung integriert. Die Integration des „externen Faktors" Kunde geschieht, indem der Kunde dem Anbieter individuelle Informationen zur Konfiguration des Produktes zur Verfügung stellt, z. B. Maße, Farbwünsche etc. und der Anbieter aufgrund dieser Angaben das Produkt individualisiert. Für den Anbieter gibt es abhängig vom Produkt den unter 2.2.1 dargestellten Spielraum zwischen „made to order" und „assemble to order".

Bei der Kundenintegration in die Produktherstellung lassen sich zwei Prozesse unterscheiden: Im autonomen Bereitstellungsprozess gestaltet und vermarktet der Anbieter allein die Varianten und Möglichkeiten, die er den Kunden anbieten will, das heißt sein Lösungspotenzial, auf Basis einer generellen Analyse der Nachfragerbedürfnisse für anonyme Nachfrager auf anonymen Märkten.[45] Er muss also sehr genau wissen, welche Produktvarianten die Kundenbedürfnisse erfüllen, denn die Variantenvielfalt stellt alleine keinen Wert für den Kunden dar.[46] An diesen Prozess schließt sich dann die kundenindividuelle Akquisition, Erhebung, Speicherung und Verarbeitung der Kundeninformationen zur Verwendung im Produktionsprozess und für Kundendienst und Folgeaufträge an.[47]

2.3 Vergleich der beiden Schwerpunktformen

Beide Formen der Kundenintegration haben gemeinsam, dass durch die Kundenintegration das Produkt den Bedürfnissen besser entsprechen soll als ohne. Damit soll ein höherer Wert des Produktes für den Kunden verbunden mit einer höheren Zahlungsbereitschaft erreicht werden. Die Formen unterscheiden sich jedoch in der Anzahl der zu integrierenden Kunden und in der Reichweite, die die Kundenspezifikationen entfalten können. Während bei der gemeinsamen Produktentwicklung Anforde-

---

[44] Ernst, H.: Integration, 2004, S. 196; Brockhoff, K.: Konflikte, 2005, S. 864; Reichwald, R./Piller, F.: Interaktive Wertschöpfung, 2006 S. 132, 167.
[45] Jacob, F.: Produktindividualisierung zur Leistungsgestaltung, 1995, S. 9.
[46] Blecker, T./Abdelkafi, N./Kaluza, B./Friedrich, G.: Variety Steering, 2003, S. 2.
[47] Jacob, F.: Produktindividualisierung zur Leistungsgestaltung, 1995, S. 9; Reichwald, R./Piller, F.: Interaktive Wertschöpfung, 2006, S. 239.

rungen einzelner Kunden in Produkte für alle Kunden umgesetzt werden und der Anbieter mit den Kunden den Lösungsraum gestaltet, werden bei der gemeinsamen Produktherstellung die Kundenanforderungen in einem speziell für den Kunden produzierten Produkt umgesetzt und der Anbieter gestaltet vorab für den Kunden den Lösungsraum.

Aus diesen Unterschieden resultieren sehr verschiedene Möglichkeiten, Grenzen, Optimierungsansätze und Rahmenbedingungen, die im Folgenden auch für beide Formen getrennt dargestellt werden.

3 Möglichkeiten und Grenzen der Kundenintegration in die Wertschöpfung

3.1 Möglichkeiten und Grenzen der Kundenintegration in die Produktentwicklung

3.1.1 Kundeneigenschaften

Kunden brauchen zur Integration in die Produktentwicklung verschiedene Eigenschaften: So benötigen sie insbesondere Bereitschaft und Fähigkeit zur Integration sowie relevantes Wissen.

Die Bereitschaft zur Integration besteht nur dann, wenn der erwartete Nutzen für den Kunden größer ist als sein erwarteter Aufwand.[48] Dieser Nutzen kann aus der besseren Bedürfnisbefriedigung durch das neue Produkt, aus der Befriedigung des Wunsches nach Gestaltung[49] oder aus finanziellen Anreizen resultieren. Von Hippel identifiziert in einer Metastudie einen relevanten Kundenbedarf nach Innovation. Zwischen 19 % und 36 % aller Geschäftskunden und zwischen 10 % und 38 % aller Privatkunden entwickeln ihre Produkte aus ausgewählten erfolgsrelevanten Bereichen zur eigenen Verwendung weiter.[50] Während im BtB-Bereich alle Produkte erfolgsrelevant sind, die die Wertschöpfung des Kunden verbessern, sind im BtC-Bereich insbesondere Sportartikel von besonderem persönlichem Interesse. Dabei hängt die Bereitschaft zur gemeinsamen Produktentwicklung also im BtC-Bereich von der Bedeutung ab, die das Produkt für den Kunden hat. An eine Grenze kommt die Integration dann, wenn der Kunde infolge konfligierender Interessen, z. B. aus Furcht vor dem Verlust seiner Kompetenz oder gar seines Arbeitsplatzes oder aus Furcht vor hohem Arbeitsaufwand[51] nur einen suboptimalen Beitrag leistet[52] oder die Neuentwicklung sogar behindert.

Die Integrationsfähigkeit des Kunden setzt voraus, dass er seine Bedürfnisse kennt und formulieren kann.[53] Darin besteht das größte Potenzial des Kunden, das der Anbieter ausnutzen will, um Produkte zu entwickeln, die den Kundenbedürfnissen besser entsprechen. Während Einigkeit darüber besteht, dass der Kunde seine gegenwärtigen Bedürfnisse

---

[48] Von Hippel, E./Katz, R.: Shifting Innovation, 2002, S. 831.
[49] Kujala, S.: User Involvement, 2006, S. 12.
[50] Von Hippel, E.: Democratizing, 2005, S. 20.
[51] Kausch, C.: Risk-Benefit Perspective, 2007, S. 50.
[52] Heinbokel, T./Sonnentag, S./Frese, M./Stolte, W./Bordbeck, F.: Don`t underestimate, 1996, S. 233; Alam, I.: New Service Development, 2006, S. 29.
[53] Kujala, S.: User Involvement, 2006, S. 11.

besser kennt als der Anbieter, wird angezweifelt, ob der Kunde in der Lage ist, zukünftige Bedürfnisse wahrzunehmen und zu formulieren.[54] Über diese Eigenschaft verfügt der Kunde mit „Lead User Eigenschaften". Kunden mit Lead User Eigenschaften realisieren zukünftige Kundenbedürfnisse des Marktes bereits zum gegenwärtigen Zeitpunkt und profitieren von Innovationen, die ihre Bedürfnisse bereits jetzt befriedigen.[55] Offen bleibt während der Entwicklungszeit jedoch, ob der Kunden tatsächlich „Lead User Eigenschaften" besitzt und sein identifiziertes Bedürfnis in Zukunft wirklich zum Massenbedürfnis wird. Dieses Risiko muss der Anbieter beim Einsatz von Kunden mit Lead User Eigenschaften in Betracht ziehen.[56] Weitere Grenzen der Fähigkeiten des Kunden ergeben sich zum einen aus der Unfähigkeit des Kunden, sich radikale Innovationen vorzustellen (begrenztes Lösungswissen).[57] Stattdessen stellt sich der Kunde häufig eher inkrementelle, das heißt schrittweise Verbesserungen vor (functional fixedness).[58] Zum anderen begrenzt die Unfähigkeit, komplizierte technische Probleme zu lösen, die das Wissen und die Fähigkeiten z. B. von Ingenieuren erfordern, die Kundenkompetenz.[59]

Eine weitere erforderliche Kundeneigenschaft ist das Verfügen über relevantes Wissen. Wenn der Anbieter eine radikale Innovation anstrebt, sollte er heterogene Kunden mit diversen Wissensquellen zur Erzielung einer Wissens- und Ideenvielfalt[60] auswählen.[61] Strebt der Anbieter eine inkrementelle Produktentwicklung an, dann sollte er eine homogene Kundengruppe auswählen, die aus erfahrenen Stammkunden mit einer starken Beziehung zum Anbieter besteht.[62]

---

[54] Leonard, D./Rayport, J.: Empathic Design, 1997, S. 103.
[55] Herstatt, C./Lüthje, C./Lettl,C.: Breakthrough Innovationen, 2003, S. 63.
[56] Vgl. Ulwick, A.: Customer Input, 2002, S. 93.
[57] Leonard, D./Rayport, J.: Empathic Design, 1997, S. 103; Campbell, A./Cooper, R.: Customer Partnerships, 1999, S. 509; Ulwick, A.: Customer Input, 2002, S. 92; Wecht, C.: Aktive Kundenintegration, 2006; S. 19.
[58] Enkel, E.: Chancen und Risiken, 2006, S. 185; Bartl, M.: Virtuelle Kundenintegration, 2006, S. 21; Kausch, C.: Risk-Benefit Perspective, 2007, S. 50.
[59] Von Hippel, E./Katz, R.: Shifting Innovation, 2002, S. 831; Thomke, S./Von Hippel, E.: Customers, 2002, S. 78; Grün, O./Brunner, J.: Wenn der Kunde mit anpackt, 2003, S. 93; Ernst, H.: Integration, 2004, S 194; Kujala, S.: User Involvement, 2006, S. 12.
[60] Ernst, H.: Integration, 2004, S. 196; Kausch, C.: Risk-Benefit Perspective, 2006, S. 48.
[61] Brockhoff, K.: Konflikte, 2005, S. 866, 872.
[62] Bonner, J./Walker, O.: Selecting Influential BtB Customers, 2004, S. 164.

3.1.2 Erzielung von Wettbewerbsvorteilen

Die Beteiligung der Kunden an der Produktentwicklung kann zu folgenden strategischen Wettbewerbsvorteilen führen: eine bessere Passgenauigkeit des Produktes zu den Marktanforderungen (Fit to Market), ein höherer Neuigkeitsgrad des Produktes am Markt (New to Market), eine schnellere Diffusion, eine kürzere Produktentwicklungsdauer (Time to Market) sowie niedrigere Produktentwicklungskosten (Cost to Market).[63] Nun wird die Wirkung der Kundenintegration auf diese Wettbewerbsvorteile dargestellt.

Produkte, an deren Entwicklung Kunden beteiligt waren, haben günstigere Marktchancen, weil die Kundenbedürfnisse besser berücksichtigt wurden.[64] Dies ist die wichtigste Motivation des Anbieters. Denn durch den verbesserten Zugang zu den Bedürfnisinformationen und deren Umsetzung im Produkt kann er sein Marktakzeptanzrisiko wesentlich reduzieren.[65] Fraglich ist jedoch, ob der Kunde selbst bei optimaler Bereitschaft zur Mitarbeit bereit ist, für das individuell entwickelte Produkt einen höheren Preis zu zahlen.[66] Diese unterschiedliche Zahlungsbereitschaft lässt sich mit Hilfe des unter 4.1.3 vorgestellten spieltheoretischen Modells von Brockhoff erklären.

In Abhängigkeit vom Ziel und der Kundenauswahl des Anbieters (siehe 3.1.1) können durch die Kundenintegration Produkte mit höherem Neuigkeitsgrad entwickelt werden.[67] Ein weiterer Vorteil der Kundenintegration ist die Beschleunigung des Diffusionsprozesses,[68] das heißt, die Verbreitung des neuen Produktes verläuft schneller, weil einige Kunden bereits mit der Anwendung des Produktes vertraut sind und es weiterempfehlen. Dadurch kann der Anbieter schneller Gewinne erzielen und Markteintrittsbarrieren errichten.

---

[63] Reichwald, R./Piller, F.: Interaktive Wertschöpfung, 2006, S. 149, 150.
[64] Von Hippel, E.: Democratizing, 2005, S. 2; Enkel, E.: Chancen und Risiken, 2006, S. 171; Poznanski, S. Kundenintegration 2007, S. 16.
[65] Brockhoff, K.: Konflikte, 2005, S. 860; Enkel, E./Perez-Freije, J./Gassmann, O.: Minimizing, 2005, S. 425; Bartl, M.: Virtuelle Kundenintegration, 2006, S. 28; Kausch, C.: Risk-Benefit Perspective 2007, S. 31, 47.
[66] Keine höhere Zahlungsbereitschaft sieht Ulwick, A.: Customer Input, 2002, S. 94; anderer Ansicht sind Reichwald, R./Piller, F.: Interaktive Wertschöpfung, 2006, S. 152; Poznanski, S.: Kundenintegration, 2007, S. 18; Reichwald, R./Meyer, A./Walcher, D.: Innovationspartner, 2007, S. 175.
[67] Reichwald, R./Piller, F.: Interaktive Wertschöpfung, 2006, S. 153; Reichwald, R./Meyer, A./Engelmann, M./Walcher, D.: Innovationspartner, 2007, S. 175.
[68] Ernst, H.: Integration, 2004, S. 202; Alam, I.: New Service Development, 2006, S. 17; Bartl, M.: Virtuelle Kundenintegration, 2006, S. 28.

Ob die Kundenintegration zu kürzeren[69] oder längeren[70] Produktentwicklungszeiten führt, ist dagegen strittig. Kürzere Entwicklungszeiten haben den gleichen Vorteil der raschen Marktdurchdringung wie die schnelle Diffusion. Längere Entwicklungszeiten verursachen höhere Kosten, z. B. in Form von höheren Personalkosten.

In Abhängigkeit von der Position zur Frage der Veränderung der Produktentwicklungszeiten durch Kundenintegration wird auch die Frage nach der Senkung[71] oder Erhöhung[72] der Entwicklungskosten unterschiedlich beantwortet.

3.1.3 Veränderungen in der Geschäftsbeziehung zwischen Anbieter und Kunde

Durch die Verlagerung von Beteiligungsbeiträgen auf Kunden verändern sich auch die Machtpositionen der Beteiligten. Der Einfluss- und Machtgewinn des Kunden bedeutet für den Anbieter ein erhöhtes Risiko. Des Weiteren kann die Integration positive und negative Folgen für das Geschäftsmodell des Anbieters sowie seine zukünftige Kundenbeziehung haben. Diese Möglichkeiten und Grenzen werden nun näher dargestellt.

Zu den Risiken der Kundenintegration gehört, dass der Anbieter während des Produktentwicklungsprozesses die Kontrolle über den Prozess verliert und der Kunde (zu) viel Einfluss auf den Prozess und sein Ergebnis gewinnt.[73] Damit kann der Anbieter von der Sichtweise und den Bedürfnissen der integrierten Kunden abhängig werden[74] und entwickelt eventuell ungewollt ein Produkt für eine Marktnische.[75] Dies lässt sich unter Umständen bei der Kundenauswahl noch nicht erkennen und vermeiden, insbesondere hat der Anbieter im BtB-Bereich keinen Einfluss darauf, welche Mitarbeiter der Kunde zur Verfügung stellt. Die Kundenintegration

---

[69] Von Hippel, E./Katz, R.: Shifting Innovation, 2002, S. 823; Reichwald, R./Piller, F.: Interaktive Wertschöpfung, 2006, S. 151; Wecht, C.: Aktive Kundenintegration, 2006, S. 37; Kausch, C.: Risk-Benefit Perspective, 2007, S. 48.
[70] Campbell, A./Cooper, R.: Customer Partnerships, 1999, S. 508.
[71] Siehe Fn. 69.
[72] Siehe Fn. 70.
[73] Vgl. Littler, D./Leverick, F./Bruce, M.: Factors, 1995, S. 16; Campbell, A./Cooper, R.: Customer Partnerships, 1999, S. 509; Tollin, K.: Customization, 2002, S. 433; Sandmeier, P.: Extreme Innovation, 2003, S. 185.
[74] Enkel, E.: Chance und Risiken, 2006, S. 185; Kausch, C.: Risk-Benefit Perspective, 2007, S. 50.
[75] Ernst, H.: Integration, 2004, S. 193; Bartl, M.: Virtuelle Kundenintegration, 2006, S. 21; Enkel, E.: Chance und Risiken, 2006, S. 185; Kausch, C.: Risk-Benefit Perspective, 2007, S. 51.

hat eine erhöhte Interdependenz, das heißt eine wechselseitige Abhängigkeit zwischen Anbieter und Kunde, und damit eine höhere Komplexität des Entwicklungsprozesses[76] zur Folge. Diese Faktoren reduzieren die Erfolgschancen eines neuen Produktes ebenfalls, weil jeder dieser zusätzlichen Prozessschritte Störungen verursachen kann.[77] Im Rahmen der Kundenintegration übernimmt der Kunde auch einen Teil des Produktentwicklungsrisikos, indem er eigene Ressourcen zur Entwicklung bereitstellt.[78] Diesem Risikobeitrag des Kunden muss in einer fairen Anbieter-Kunden-Beziehung ein Ausgleich gegenüber stehen. Neben dem persönlichen Nutzen (siehe 3.1.1) kann der Ausgleich in einer fairen Regelung des geistigen Eigentums an den gemeinsam entwickelten Ideen bestehen, um das Streitpotenzial darüber zu minimieren.[79] Das Risiko des Anbieters besteht bei der Kundenintegration darin, diesen Ausgleich ex ante angemessen zu gestalten, ohne die Potenziale und Beteiligungsbeiträge zu kennen. Eine weitere Gefahr besteht im missbräuchlichen Verhalten des Kunden. Sowohl Kunden als auch Wettbewerber können den Anbieter mit der Prüfung technisch oder wirtschaftlich nicht realisierbarer Vorschläge lahm legen.[80] Eine weitere große Gefahr der Kundenintegration ist der Abfluss von Anbieterwissen zu Kunden oder sogar - durch illoyale Kunden - zu Wettbewerbern.[81]

Durch Kundenintegration kann sich das gesamte Geschäftsmodell des Anbieters verändern.[82] Darin liegen neue Möglichkeiten aber auch Grenzen. Wenn die Produktentwicklung immer stärker von Kunden betrieben wird, hat der Anbieter folgende Reaktionsmöglichkeiten: Er kann sich auf die Produktion der von Kunden entwickelten Produkte konzentrieren und erzielt einen Kostenvorteil gegenüber den Wettbewerbern in Form der Einsparungen im Bereich der Forschung und Entwicklung.[83] Diese Mög-

---

[76] Campbell, A./Cooper, R.: Customer Partnerships, 1999, S. 509; Dodgson, M./Gan, D./Salter, A.: Procter & Gamble, 2006, S. 344; Sanden, B./Gustafsson, A./Witell, L.: Role of Customer, 2006, S. 48; Wecht, C.: Aktive Kundenintegration, 2006, S 130.
[77] Poznanski, S.: Kundenintegration, 2007, S. 17.
[78] Vgl. Campbell, A./Cooper, R.: Customer Partnerships, 1999, S. 508.
[79] Vgl. Sandmeier, P.: Extreme Innovation, 2003, S. 186; Von Hippel, E.: Democratizing, 2005, S. 113.
[80] Brockhoff, K.: Konflikte, 2005, S. 873; Kausch, C.: Risk-Benefit Perspective, 2007, S. 53.
[81] Vgl. Sandmeier, P.: Extreme Innovation, 2003, S. 186; Brockhoff, K.: Konflikte, 2005, S. 873; Enkel, E.: Chancen und Risiken, 2006, S. 185; Sanden, B./Gustafsson, A./Witell,L.: Role of Customer, 2006, S.48; Kausch, C.: Risk-Benefit Perspective, 2007, S. 52; Poznanski, S.: Kundenintegration, 2007, S. 17.
[82] Von Hippel, E.: Democratizing, 2005, S. 2.
[83] Von Hippel, E.: Democratizing, 2005, S. 125.

lichkeit belegt das Beispiel der Entwicklung von Segeln zum Kitesurfen durch eine enthusiastische Gruppe von Kitesurfern. In diesem Fall wurde die Innovation wesentlich von den Kunden vorangetrieben und die Wertschöpfung des Anbieters wurde auf die Produktion der von Kunden entwickelten Segel reduziert.[84] Der Anbieter kann alternativ auch die Produktion komplementärer Güter aufnehmen. So bietet IBM z. B. Hardware zur Nutzung frei verfügbarer Software an.[85] Falls im BtB-Bereich der Kunde nicht der Endkunde ist, hat der Anbieter auch die Möglichkeit, die Wertschöpfung seines Kunden zu übernehmen und das Endprodukt am Markt anzubieten.[86] Eine sehr große Gefahr stellt die Kundenintegration für diejenigen Anbieter dar, deren Hauptanteil der Wertschöpfung in der Entwicklung liegt und deren Produkte digital vertrieben werden. Ihnen bleibt kurzfristig nur die Bereitstellung der IT-Systeme, die dem Kunden die Entwicklung ermöglichen (Toolkits oder Konfiguratoren).[87] Langfristig können jedoch auch andere Anbieter diese Systeme bereitstellen.[88] In diesem Fall verliert der Anbieter seinen Wertschöpfungsbeitrag und muss entweder am Markt ausscheiden oder ein neues Geschäftsfeld suchen.

Die Auswirkungen der Kundenintegration auf die zukünftige Geschäftsbeziehung sind abhängig vom Erfolg des Entwicklungsprojektes. Während eine erfolgreiche Zusammenarbeit den Kunden bindet,[89] führen Missverständnisse zwischen Anbieter und Kunden[90] - auch infolge unterschiedlicher Unternehmenskulturen[91] - oder ein Scheitern der Produktentwicklung zu Beziehungsstörung oder Beziehungsabbruch.[92]

3.1.4 Ablehnung durch die Mitarbeiter des Anbieters

Im Folgenden werden die Akzeptanzprobleme der Mitarbeiter des Anbieters sowie deren Belastungssituation als Grenzen der Kundenintegration identifiziert.

---

[84] Von Hippel, E.: Democratizing, 2005, S. 103, 125.
[85] Von Hippel, E.: Democratizing, 2005, S. 131.
[86] Brockhoff, K.: Konflikte, 2005, S. 870.
[87] Thomke, S./Von Hippel, E.: Customers, 2002, S. 81; Von Hippel, E.: Democratizing, 2005, S. 126, 128.
[88] Von Hippel, E./Katz R.: Shifting Innovation, 2002, S. 832.
[89] Enkel, E.: Chance und Risiken, 2006, S. 185; Kausch, C.: Risk-Benefit Perspective, 2007, S. 47.
[90] Enkel, E.: Chance und Risiken, 2006, S. 185; Kujala, S.: Involvement, 2006, S. 12.
[91] Littler, D./Leverick, F./Bruce, M.: Factors, 1995, S. 16; Wecht, C.: Aktive Kundenintegration, 2006, S. 20.
[92] Campbell, A./Cooper, R.: Customer Partnerships, 1999, S. 509; Kausch, C.: Risk-Benefit Perspective, 2007, S. 53.

Wenn der Kunde seine Bedürfnisse und Vorstellungen selbst artikuliert, dann entfällt die wichtige Aufgabe der Sales- und Marketing-Abteilung, die Kundenwünsche festzustellen, zu analysieren und im Produktentwicklungsprozess umzusetzen. Insgesamt liegt das Management der Kundenbeziehung nicht mehr in der Kompetenz dieser Abteilung. Diese Reduktion führt zu Akzeptanzproblemen der betroffenen Mitarbeiter.[93] Ein weiteres Akzeptanzproblem besteht in der Ablehnung von Wissen, Ideen, Entwicklungen, die aus externen Quellen kommen.[94] Dieses sog. „Not Invented Here Syndrome" wird definiert als „tendency of a project group (...) to believe it possesses a monopoly of knowledge of its field, which leads it to reject new ideas from outsiders to the likely detriment of its performance".[95] Dem liegt vermutlich die Tendenz der Mitarbeiter zu Grunde, Stress und Unsicherheit der Arbeitsumgebung weitestgehend zu reduzieren. Begegnen kann man diesen beiden Formen der innerbetrieblichen Ablehnung mit Information und Integration der Mitarbeiter sowie mit der Schaffung geeigneter Strukturen und Anreizsysteme.[96] Insgesamt erhöht die Kundenintegration die psychologische und emotionale Belastung der Mitarbeiter, weil der geforderten Flexibilität nur eine begrenzte Elastizität der Mitarbeiter gegenübersteht.[97]

3.1.5 Kosten

Der Anbieter muss den gewünschten Vorteilen der Integration auch die Kosten in Form von finanziellen und zeitlichen Aufwendungen gegenüberstellen. Diese können bei der Einführung, Umsetzung und Kontrolle der Kundenintegration entstehen. Einführungskosten entstehen für die Kommunikation der neuen Organisationsprinzipien, für Maßnahmen zur Überwindung innerbetrieblicher Widerstände und für geeignete IT Systeme. Umsetzungskosten verursachen die Kundenauswahl, die Kundenkommunikation, die Schaffung geeigneter Anreizsysteme für Kunden und

---

[93] Thomke, S./Von Hippel, E.: Customers, 2002, S. 79.
[94] Vgl. Sandmeier, P.: Extreme Innovation, 2003, S. 186; Brockhoff, K.: Konflikte, 2005, S. 865; Bartl, M.: Virtuelle Kundenintegration, 2006, S. 21; Reichwald, R./Piller, F.: Interaktive Wertschöpfung, 2006, S. 118, 154.
[95] Katz, R./Allen, T.: NIH Syndrome, 1982, S. 7, Übersetzung der Autorin: Tendenz eine Projektteams zu glauben, es würde ein Wissensmonopol in seinem Gebiet besitzen, die zur Ablehnung neuer externer Ideen führt und dem Projektergebnis wahrscheinlich schadet.
[96] Lichtenthaler, U./Ernst, H.: NIH Syndrome, 2006, S. 380.
[97] Vgl. Prahalad, C./Ramaswamy, V.: Co-opting, 2000, S. 87.

Mitarbeiter sowie die konkrete Integration, z. B. in Form von Workshops. Die Bewertung des Kundeninputs verursacht Kontrollkosten.[98]

3.2 Notwendigkeit einer Einzelfallabwägung

Aus der Gegenüberstellung der Möglichkeiten und Grenzen ergibt sich als Zwischenfazit, dass Kundenintegration in die Produktentwicklung nicht in jedem Fall einen Mehrwert schafft, sondern dass vielmehr eine sorgfältige Abwägung der Bedeutung der Möglichkeiten und Grenzen für das jeweilige Entwicklungsprojekt notwendig ist.[99] Besondere Möglichkeiten ergeben sich aus den verbesserten Wettbewerbsvorteilen, während wichtige Grenzen in den Veränderungen der Geschäftsbeziehungen und den erhöhten Kosten liegen.

3.3 Möglichkeiten und Grenzen der Kundenintegration in die Produktherstellung

3.3.1 Kundeneigenschaften

Der Anbieter integriert den Kunden in die Produktherstellung mit dem Ziel, ein kundenindividuelles Produkt herzustellen, das den Bedürfnissen des einzelnen Kunden besser entspricht als ein Standardprodukt,[100] um so das Marktakzeptanzrisiko seines Produktes zu senken[101] und oft auch die Zahlungsbereitschaft des Kunden zu erhöhen.[102] Dieses Vorgehen setzt zwei wichtige Kundeneigenschaften voraus: Der Kunde muss zur Spezifikation seiner Produktwünsche bereit und in der Lage sein.

Die Bereitschaft zur Integration besteht, wenn der erwartete Nutzenzuwachs gegenüber dem Standardprodukt größer ist als der erwartete Aufwand. Der erwartete Nutzenzuwachs kann in der besseren Befriedigung der Kundenbedürfnisse, im Stolz auf „eigene Gestaltung"[103] oder in der positiven Erfahrung während des Herstellungsprozesses,[104] die eng

---

[98] Reichwald, R./Piller, F.: Interaktive Wertschöpfung, 2006, S. 154, 155.
[99] Ernst, H.: Integration, 2004; S. 193; Kausch, C.: Risk-Benefit Perspective, 2007, S. 155, 207, 210.
[100] Für viele: Wikström, S.: Value Creation, 1996, S. 371.
[101] Wikström, S.: Value Creation, 1996, S. 372; Reichwald, R./Piller, F.: Customer Integration, 2002, S. 16.
[102] Reichwald, R./Piller, F.: Interaktive Wertschöpfung, 2006, S. 77; IBM Studie: Unternehmen der Zukunft, 2008, S. 26.
[103] Franke, N./Piller, F.: Value Creation, 2004, S. 412; Reichwald, R./Piller, F.: Interaktive Wertschöpfung, 2006, S. 232.
[104] Franke, N./Piller, F.: Value Creation, 2004, S. 413.

mit der Produktzufriedenheit korreliert,[105] bestehen. Anhand der zahlreichen Beispiele in der Literatur lassen sich Produktkategorien erkennen, in denen eine höhere Bereitschaft zur Individualisierung infolge eines höheren Bedarfs nach individuellen Dienstleistungen besteht, wie z. B. Produkte, die an körperliche Gegebenheiten des Kunden angepasst werden.[106] Die Kategorien werden in Kapitel 4.3.2 bei der Auswahl geeigneter Produkte näher erläutert. Es wäre für Anbieter jedoch falsch, aus diesen erfolgreichen Segmenten einen generellen Bedarf an individuellen Produkten abzuleiten.[107] Gegen den erwarteten Nutzenzuwachs wägt der Kunde seinen erwarteten Aufwand[108] und das mit der Integration verbundene Risiko ab. Für ihn steigt die Unsicherheit bezüglich der Produktqualität,[109] weil das Ergebnis zum Zeitpunkt des Vertragsschlusses noch nicht hergestellt und deshalb noch nicht bewertbar ist.

Neben der Integrationsbereitschaft muss die Integrationsfähigkeit des Kunden vorhanden sein. Es besteht beim Kunden die Unsicherheit bezüglich der „richtigen" Auswahl der Leistungsmerkmale („Qual der Wahl"),[110] weil zumindest der Privatkunde selten Erfahrungen damit gemacht hat, wie er aus seinen Bedürfnissen seine Lösungsanforderungen ableiten soll.[111] Es ist also fraglich und von der Erfahrung des Kunden und der Komplexität des Produktes abhängig, ob der Kunde in der Lage ist, sein optimales Produkt zu spezifizieren. Eine weitere Gefahr des Angebotes zur Produktindividualisierung besteht darin, dass damit beim Kunden Erwartungen geweckt werden, die im geschlossenen Lösungsraum infolge der begrenzten Anzahl von angebotenen Varianten nicht erfüllt werden können.[112]

Eine weitere Grenze findet die Produktindividualisierung dort, wo verschiedene Nutzer ein Produkt verwenden und jeweils individuelle Produkteigenschaften benötigen, z. B. bei Autositzen oder Büromöbeln. Flexible, anpassungsfähige Produkte sind dann den individuell angepassten Produkten sogar überlegen.[113]

---

[105] Reichwald, R./Piller, F.: Co-Produktion, 2003, S. 518.
[106] Reichwald, R./Piller, F.: Interaktive Wertschöpfung, 2006, S.202.
[107] Vgl. Zipkin, P: Limits, 2001, S. 82.
[108] Grün, O./Brunner, J.: Wenn der Kunde mit anpackt, 2003, S. 93; Reichwald, R./Piller, F.: Interaktive Wertschöpfung, 2006, S. 222.
[109] Reichwald, R./Piller, F.: Interaktive Wertschöpfung, 2006, S. 221.
[110] Pine, J./Victor, B/Boynton, A.: Mass Customization 1993, S. 14; Zipkin, P.: Limits, 2001, S. 82; Kaplan, A./Schoder, D./Haenlein, M.: Factors, 2007, S. 103.
[111] Zipkin, P.: Limits, 2001, S. 86; Reichwald, R./Piller, F.: Interaktive Wertschöpfung, 2006, S. 220; Kaplan, A./Schoder, D./Haenlein, M.: Factors, 2007, S. 104.
[112] Waller, C.: Value, 2006, S. 471.
[113] Vgl. Zipkin, P.: Limits, 2001, S. 85.

3.3.2 Veränderungen und Erweiterungen der Marktchancen

In diesem Kapitel soll dargestellt werden, wie sich die Produktindividualisierung auf die Zahlungsbereitschaft des Kunden und auf die sonstigen Marktchancen des Anbieters auswirkt.

Auch im Fall der Produktindividualisierung ist umstritten, ob diese eine höhere Zahlungsbereitschaft verursacht. Während ein Teil der Literatur eine höhere Zahlungsbereitschaft annimmt,[114] wenn auch mit einer Preisobergrenze,[115] bezweifeln andere dies.[116]

Durch die Kundenintegration in die Produktherstellung können sich für den Anbieter neue oder erweiterte Geschäftsfelder ergeben.[117] Dabei kann der Anbieter das durch die Individualisierung des Produktes erworbene Wissen über die Kundenpräferenzen in zweifacher Hinsicht nutzen. Er kann es erstens als Marktforschungswissen im Markt für Standardprodukte nutzen und diese den festgestellten Trends anpassen.[118] Franke und Piller haben in einer Studie zum Design von Armbanduhren nachgewiesen, dass potenzielle Kunden die von anderen Kunden entworfenen Uhren den vom Anbieter entworfenen vorziehen.[119] Der Anbieter kann das erworbene Wissen zweitens auch zur Kundenbindung durch effizientere Folgetransaktionen nutzen.[120] So verfügt z. B. der Maßschneider beim wiederholten Bestellvorgang bereits über die personenbezogenen Daten sowie sämtliche Maße und Stoffpräferenzen und kann seinen Beratungs- und Bestellprozess erheblich reduzieren. Das Kundenwissen wird von Interaktion zu Interaktion detaillierter und dies ist für Anbieter und Kunden vorteilhaft.[121] Die so entstehende Kundenbindung erhöht die Effizienz des Anbieters und wirkt gleichzeitig als Markteintrittsbarriere für Wettbewerber. Die direkte Zusammenarbeit zwischen Kunde und Anbieter kann des Weiteren die Aufgaben und die Bedeutung eines möglichen

---

[114] Reichwald, R./Piller, F.: Customer Integration, 2002, S. 16; Franke, N./Frank, T.: Value Creation, 2004, S. 401; Von Hippel, E.: Democratizing, 2005, S. 41; Reichwald, R./Piller, F.: Interaktive Wertschöpfung, 2006, S. 223.
[115] Reichwald, R./Piller, F.: Interaktive Wertschöpfung, 2006, S. 233.
[116] Zipkin, P.: Limits, 2001, S. 86.
[117] Pine, J./Peppers, D./Rogers, M.: Keep Customers Forever, 1995, S.114.
[118] Wikström, S.: Value Creation, 1996, S. 372; Piller, F./Möslein, K.: economies of customer integration, 2002, S. 13; Piller, F./Müller, M.: Kundenorientierung, 2003, S. 60; Reichwald, R./Piller, F.: Co-Produktion, 2003, S: 518.
[119] Franke, N./Piller, F.: Value Creation, 2004, S. 412.
[120] Reichwald, R./Piller, F.: Customer Integration, 2002, S. 17; Piller, F./Müller, M.: Kundenorientierung, 2003, S. 60; Reichwald, R./Piller, F.: Interaktive Wertschöpfung, 2006, S. 216; Poznanski, S.: Kundenintegration, 2007, S. 17.
[121] Vgl. Pine, J./Peppers, D./Rogers, M.: Keep Customers Forever, 1995, S. 105.

Händlers reduzieren. Dies bedeutet für den Anbieter, dass ein größerer Teil der Wertschöpfung bei ihm verbleibt.[122]

3.3.3 Veränderungen des Absatz- und Produktionsrisikos

Durch die Kundenintegration in den Produktionsprozess ändern sich die Produktionssituation und das Risiko des Anbieters. Er produziert nun nicht mehr autonom vor dem Kauf auf Basis von Prognosen, sondern nach dem Kauf auf Bestellung durch den Kunden. Der optimale Punkt zur Einbeziehung des Kunden in den Produktionsprozess liegt auf einem Kontinuum und wird als Gestaltungsparameter des Anbieters in Kapitel 4.3.2 genauer untersucht.

Das sinkende Absatzrisiko bringt dem Anbieter den Vorteil, dass er weniger Produktionsressourcen für infolge von Fehlplanungen nicht absetzbare Produkte verschwendet.[123] Nach Expertenschätzungen werden in Europa 40 % aller gedruckten Bücher nicht verkauft, sondern vernichtet.[124] Die Produktmengenplanung muss in der klassischen Produktion geplante Absatzmengen für Orte und Zeiträume möglichst genau vorhersagen.[125] Diese Planungsrisiken entfallen, wenn der Anbieter nach Kundenwunsch produziert.

Auf der anderen Seite entstehen auch neue Anbieterrisiken. Der Anbieter ist nun unsicher über die Integrationsbereitschaft des Kunden und die Qualität des Kundenbeitrages („Kunde als externer Faktor").[126] Das zuletzt genannte Qualitätsrisiko bezüglich des externen Produktionsfaktors kann der Anbieter durch den Einsatz von IT-Systemen, die nur qualifizierte Kundenspezifikationen akzeptieren, erheblich reduzieren.

Ein weiteres Anbieterrisiko ist die Planungsunsicherheit bezüglich der Nachfragemenge und -zeit.[127] Der Anbieter muss Produktionsressourcen bereitstellen, ohne deren Auslastung steuern zu können. Dabei gilt z. B. für die Automobilindustrie eine Auslastung von 80 % als kostendeckend. Erst bei einer höheren Auslastung können Gewinne erzielt werden.[128]

---

[122] Agrawal, M./Kumaresh, T.: False Promise, 2001, S. 68.
[123] Vgl. Agrawal, M./Kumaresh, T./Mercer, G.: False Promise, 2001, S. 66; Reichwald, R./Piller, F.: Customer Integration, 2002, S. 16; Piller, F./Müller, M.: Kundenorientierung, 2003, S. 59.
[124] Piller, F./Müller, M.: Kundenorientierung, 2003, S. 59.
[125] Gilmore, J./Pine J.: Four Faces, 1997, S. 97.
[126] Büttgen, M.: Kundenintegration, 2006, S. 54.
[127] Büttgen, M.: Kundenintegration, 2006, S. 53.
[128] Agrawal, M./Kumaresh, T./Mercer, G.: False Promise, 2001, S. 67.

Des Weiteren besteht das Risiko der Nicht-Abnahme individuell spezifizierter und produzierter Produkte.[129]

3.3.4 Kostengestaltung der Kundenintegration

Die Kundenintegration verursacht für den Anbieter Kostensenkungspotenziale und zusätzliche Kosten.

Die Potenziale können in den sog. „Economies of Integration" zusammengefasst werden.[130] Zum einen zählen dazu die Einsparungen von Kosten für infolge von Planungsfehlern nicht absetzbare Produkte. Nach Schätzungen von Experten beträgt der Anteil der Verschwendung infolge von Prognosefehlern in der Bekleidungsindustrie ca. 30 % der Wertschöpfung.[131] Des Weiteren spart der Anbieter die Kosten für Distributionslager und Lagerhaltung in den Absatzkanälen.[132] Zum anderen bestehen die Economies of Integration aus der erhöhten Effizienz bei der Abwicklung von Folgetransaktionen durch die Nutzung bereits vorhandener Kundeninformationen.

Diesen Einsparpotenzialen stehen zusätzliche Kosten für Produktion und Integration des Kunden gegenüber.[133] Zu den zusätzlichen Produktionskosten zählen höhere Investitionen in flexible Maschinen, Kosten des erhöhten Koordinationsaufwandes zur Bewältigung der erhöhten Produktionskomplexität[134] sowie steigende Rüstkosten[135] beim Wechsel zwischen verschiedenartigen Produkten.[136] Dabei besteht die Gefahr, dass sich die höheren Investitionen infolge kurzer Produktlebenszyklen nicht amortisieren.[137] Neben erhöhten Produktionskosten entstehen durch die Kundenintegration auch Integrationskosten. Sie bestehen im Wesentlichen aus Informationskosten beispielsweise durch die Erhebung der Informationen zur Produktindividualisierung und Kommunikationskosten beispielsweise durch Maßnahmen zum Vertrauensaufbau beim Kunden.[138]

---

[129] Reichwald, R./Piller, F.: Customer Integration, 2002, S. 16.
[130] Reichwald, R./Piller, F.: Interaktive Wertschöpfung, 2006, S. 224.
[131] Piller, F./Müller, M.: Kundenorientierung, 2003, S. 59.
[132] Gilmore, J./Pine, J.: Four Faces, 1997, S. 97; Agrawal, M./Kumaresh, T./Mercer, G.: False Promise, 2001, S. 63; Zipkin, P.: Limits, 2001, S. 82; Piller, F./Müller, M.: Kundenorientierung, 2003, S. 59.
[133] Reichwald, R./Piller, F.: Interaktive Wertschöpfung, 2006, S. 226.
[134] Reichwald, R./Piller, F.: Customer Integration, 2002, S. 16; Büttgen, M.: Kundenintegration, 2007, S. 70.
[135] Agrawal, M./Kumaresh, T./Mercer, G.: False Promise, 2001, S. 67.
[136] Vgl. Reichwald, R./Piller, F.: Interaktive Wertschöpfung, 2006, S. 216, 217.
[137] Vgl. Förster, A./Kreuz, P.: Marketing-Trends, 2006, S. 141.
[138] Reichwald, R./Piller, F.: Interaktive Wertschöpfung, 2006, S. 220.

3.4 Notwendigkeit einer Einzelfallabwägung

Die dargestellten Möglichkeiten und Grenzen führen auch im Fall der Kundenintegration in die Produktherstellung zum Ergebnis, dass der Anbieter im Falle eines relevanten Bedarfs in seinem Marktsegment für sein Produkt und seine Kundengruppe die bedeutenden Vor- und Nachteile herausarbeiten und gegeneinander abwägen muss, um die Kundenintegration entsprechend zu gestalten. Insbesondere muss er sich der neuen Risikosituation infolge der Integration des Kunden bewusst werden und darf sich nicht von Einsparpotenzialen der „economies of integration" blenden lassen.

4 Optimierte Kundenintegration

4.1 Optimierte Kundenintegration in die Produktentwicklung

4.1.1 Gestaltung der optimierten Kundenintegration nach der Ressourcenabhängigkeitstheorie

Die Ressourcenabhängigkeitstheorie nach Pfeffer und Salancik wird deshalb zur Erklärung der Kundenintegration herangezogen, weil sie die Beziehung des Anbieters zu seiner Umwelt in Gestalt seiner Kunden erklärt und weil sie die Handlungsalternativen des Anbieters als Möglichkeit zur Optimierung des Zugangs zu der knappen Ressource Kundenwissen und -erfahrung interpretiert.[139] Diese Theorie erklärt Handlungen von Organisationen dadurch, dass sie das Ziel verfolgen, zur Sicherung des eigenen Überlebens Zugang zu benötigten und knappen Ressourcen zu erlangen. Dabei wird der Ressourcenbegriff sehr weit definiert als alles, was der Organisation wertvoll erscheint.[140] Der Grad der Abhängigkeit von diesen Ressourcen wird durch folgende Faktoren bestimmt: Erstens durch die Bedeutung der Ressource für die Wertschöpfung der Organisation, zweitens durch die Verfügungsmacht über die Zuordnung und Verwendung der Ressource durch Externe und drittens durch die Verfügbarkeit von Alternativen.[141] Nach der Theorie handeln Organisationen in der Unsicherheit, diesen Zugang zu erlangen, und gestalten ihr Verhältnis zu den Ressourcen aktiv, indem sie Strategien entwickeln und umsetzen, um diese Unsicherheit einzuschränken oder zu beseitigen. Die Strategien lassen sich in zwei Gruppen aufteilen: Entweder werden die Kernprozesse vor störenden Umwelteinflüssen durch mangelnde Ressourcen geschützt (buffering - Abpufferstrategie)[142] oder die Unsicherheit wird durch Gestaltung der intraorganisationalen Beziehungen reduziert, um den Ressourcenzufluss zu erleichtern (bridging - Brückenstrategie).[143] Beispielsweise kann die Organisation im Rahmen einer Brückenstrategie die Austauschbeziehung zum Ressourceneigentümer gestalten, eine wechselseitige Abhängigkeit schaffen oder die Ressourcenquelle in die eigene Organisation integrieren. Diese Integration kann entweder horizontal erfolgen,

---

[139] Vgl. Ernst, H.: Erfolgsfaktoren, 2001, S. 176; Brockhoff, K.: Konflikte, 2005, S. 861; Kausch, C.: A Risk-Benefit Perspective, 2007, S. 175.
[140] Wolf, J.: Organisation, 2008, S. 288.
[141] Wolf, J.: Organisation, 2008, S. 288.
[142] Arndt, L.: Grenzmanagement, 2007, S. 6.
[143] Pfeffer, J./Salancik, G.: External Control, 1978, S. 108, 109; Van den Bosch, F./Van Riel, C.: Buffering and Bridging, 1998, S. 25; Knack, R.: Kooperation, 2006, S. 33, 34.

indem ein Teil der Verfügungsmacht über die Ressource beim Ressourceneigentümer verbleibt, oder vertikal, indem die Organisation die Ressource vollständig integriert.[144] Zur Übertragung der Theorie auf die Kundenintegration in die Produktentwicklung müsste es sich bei dem Wissen über Kundenbedürfnisse und bei der Kundenerfahrung um Ressourcen handeln. Nach der weiten Definition ist dieses Wissen eine Ressource, weil es dem Anbieter so wertvoll erscheint, dass er zur seiner Erlangung Kosten und Risiken in Kauf nimmt.[145] Dieses Kundenwissen und die Kundenerfahrung haben für den Anbieter als Unternehmen in Märkten, die infolge veränderlicher und stark differierender Kundenbedürfnisse ständig neue Produkte erfordern, eine besonders hohe Bedeutung.[146] Die Kunden haben die Verfügungsgewalt über ihr Wissen. Es gibt offensichtlich keine weiteren, ebenso gut geeigneten Quellen, denn in der Vergangenheit wurden die Kundenbedürfnisse häufig nur unzureichend ermittelt, was zu hohen Flop-Raten geführt hat.[147] Die Kundenintegration kann also nach der Ressourcenabhängigkeitstheorie als Mittel zur Erlangung von Zugang zu der knappen Ressource Kundenwissen und Kundenerfahrung gesehen werden, mit der der Anbieter die Erfolgschancen seiner Produkte und damit die Effektivität seiner Wertschöpfung erhöhen will.[148] Insgesamt sichert er dadurch seine Existenz am Markt.

Die Erreichung der optimierten Kundenintegration lässt sich vor diesem Hintergrund als Optimierung in Form der Minimierung der Unsicherheit durch Abhängigkeit verstehen. Dazu werden die zwei Instrumente des bridging und des buffering verwendet. Die einzelnen Gestaltungsparameter des Anbieters und ihre möglichen Ausprägungen sowie die Rahmenbedingungen werden in den folgenden zwei Unterkapiteln vorgestellt.

4.1.2 Optimierungspotenziale für den Anbieter

Der Anbieter entscheidet darüber, welche Märkte, Produkte und Kunden ausreichendes Potenzial zur Kundenintegration haben und in welcher Produktentwicklungsphase, in welchem Umfang und mit welchen Syste-

---

[144] Kausch, C.: Risk-Benefit Perspective, 2007, S. 173.
[145] Gruner, K./Homburg, C.: Customer Interaction, 2000, S. 2; Kausch, C.: Risk-Benefit Perspective, 2007, S. 173.
[146] Ernst, H.: Erfolgsfaktoren, 2001, S. 176.
[147] Ernst, H.: Integration, 2004, S. 196; Reichwald, R./Meyer, A./Engelmann, M./Walcher, D.: Innovationspartner, 2007, S. 16.
[148] Gruner, K./Homburg, C.: Customer Interaction, 2000, S. 2.

men er die Kunden integrieren will. Diese Entscheidungen sollen nun näher analysiert werden.

Kundenintegration zur Wissensgewinnung des Anbieters für die Neuproduktentwicklung ist auf jenen **Märkten** besonders wichtig, auf denen die Abhängigkeit des Anbieters von seinen Kunden besonders hoch ist. Dies ist zum einen dann der Fall, wenn ein besonders hohes Maß an Unsicherheit bezüglich der Kundenbedürfnisse besteht,[149] z. B. weil diese sich häufig ändern und die Produkte nur für kurze Zeit den aktuellen Bedürfnissen entsprechen und verkauft werden können, oder weil die Kundenbedürfnisse immer unterschiedlicher werden und die Segmentierung des Marktes immer stärker voranschreitet.[150] Die Abhängigkeit des Anbieters von den Kunden ist auch dann besonders groß, wenn die Anzahl seiner Kunden gering ist. Die Ressourcenabhängigkeitstheorie erklärt den Grad der Abhängigkeit zum einen mit der hohen Bedeutung des Wissens, weil der Anbieter häufig, schnell und richtig reagieren muss, und zum anderen mit der geringen oder nicht vorhandenen Verfügbarkeit von alternativen Wissensquellen. Je höher diese Abhängigkeit, desto größer ist das Ausmaß der Unsicherheitsreduktion und damit der Nutzen, den der Anbieter aus der Kundenintegration ziehen kann.

Für die Entscheidung, welche **Produkte** gemeinsam mit Kunden entwickelt werden sollten, sind erstens die Bedeutung des Produktes für den Kunden und zweitens der Umfang des Bedarfs an kundenspezifischer Information zu beachten. Zu näheren Analyse der Bedeutung des Produktes für den Kunden wird zwischen BtC und BtB-Produkten unterschieden: Im BtC-Bereich werden zahlreiche Beispiele erfolgreicher Kundenintegration aus der Sportgeräteentwicklung berichtet.[151] Gemeinsam ist diesen Beispielen, dass das Produkt eine hohe Bedeutung für den Kunden hat. Erklären kann man dieses Phänomen mit dem aus dem Marketing stammenden Product Involvement Konzept. Danach beschreibt Involvement die „wahrgenommene persönliche Relevanz eines Produktes, die durch Bedürfnisse und Werte der betreffenden Person bestimmt ist".[152] Daraus wird zunächst für bestimmte Produkte und bestimmte Kunden eine hohe Bereitschaft zur Anstrengung bei der Informationsbeschaffung vor dem Kauf eines solchen Produktes abgeleitet. Das Product Involvement Konzept kann auch zur Erklärung der Bereitschaft des Kunden zur Zusammenarbeit und zur Gestaltung der Beziehungen zum Anbieter herange-

---

[149] Reichwald, R./Piller, F.: Interaktive Wertschöpfung, 2006, S. 79.
[150] Thomke, S./Von Hippel, E.: Customers, 2002, S. 77.
[151] Siehe das Beispiel zu Entwicklungen der Kitesurfer in Kapitel 3.1.3; Von Hippel, E.: Customers, 2002, S. 20.
[152] Kuß, A.: Marketing, 2006, S. 87.

zogen werden. Je höher das Involvement eines Kunden im Hinblick auf ein bestimmtes Produkt, desto größer ist seine Bereitschaft, dafür einen persönlichen Aufwand - z. B. in Form von investierter Zeit - in Kauf zu nehmen. Während im BtC-Bereich die Beziehung zwischen Mitarbeitern des Anbieters und jeweils einem Kunden aufgebaut wird, stehen sich im BtB-Bereich immer Mitarbeiter des Anbieters und des Kundenunternehmens gegenüber. Entscheidungen über den Einkauf von Produkten werden in Unternehmen in der Regel von einem sogenannten „buying center" als „funktionalem Subsystem einer Organisation, in dem alle an der Beschaffung beteiligten Entscheidungsträger zusammengefasst sind" getroffen.[153] Die während dieses kollektiven Kaufentscheidungsprozesses auftretenden teilweise gegensätzlichen Interessen an den Eigenschaften des Produktes werden im Folgenden nicht näher betrachtet. Vielmehr wird das buying center wie ein Entscheidungsorgan des Kunden gesehen und ist immer dann gemeint, wenn im BtB-Kontext vom Kunden die Rede ist. Erfolgreiche Produktentwicklungen durch Kundenintegrationen werden aus dem BtB-Bereich z. B. aus dem IT-Bereich durch Nortel Networks für GSM-basierte Trackingsysteme zur mobilen Anwendung etwa bei der Großwildsuche[154] oder auch aus dem Medizinproduktebereich in Form der Entwicklung chirurgischer Hygieneprodukte wie z. B. Patientenabdeckungen während Operationen durch Johnson und Johnson Medical GmbH[155] berichtet. Auch für den BtB-Kunden haben Produkte unterschiedliche Bedeutung. Es gibt Produkte, die der Kunde zu seiner eigenen Wertschöpfung verwendet, wie z. B. die genannten Patientenabdeckungen im Krankenhaus, und es gibt Produkte, die kaum oder gar nicht zur Wertschöpfung beitragen, wie z. B. der Kaffeeautomat im Krankenhaus. Je größer der Beitrag des Produktes zur Wertschöpfung des Kunden, desto höher die Bedeutung des Produktes für ihn und desto größer seine Bereitschaft zur gemeinsamen Produktentwicklung. Dabei spielt der Wert des Produktes gemessen am gesamten Investitionsvolumen des nachfragenden Unternehmens als einer Kategorie zur Beurteilung des Beschaffungsprozesses[156] keine Rolle. Eine Bereitschaft des BtB-Kunden zur Mitarbeit ist vielmehr immer dann anzunehmen, wenn durch die erwartete Produktinnovation oder – verbesserung die eigene Wertschöpfung des Kunden verbessert werden kann.

Ein weiteres Kriterium zur Entscheidung, ob Kunden in die Entwicklung einbezogen werden sollen, ist der Bedarf an kundenspezifischen Informa-

---

[153] Foscht, T./Swoboda, B.: Käuferverhalten, 2007, S. 262.
[154] Herstatt, C./Lüthje, C./Lettl, C.: Breakthrough Innovationen, 2003, S. 69.
[155] Herstatt, C./Lüthje, C./Lettl, C.: Breakthrough Innovationen, 2003, S. 70.
[156] Foscht, T./Swoboda, B.: Käuferverhalten, 2007, S. 246.

tionen und die Verfügbarkeit dieser Information für den Anbieter. Der Kunde verfügt in der Regel über ein hohes Maß an Bedürfnisinformationen. Diese werden auch „sticky information" (klebrige Informationen) genannt, wenn der Anbieter Schwierigkeiten überwinden muss, um sie zu erlangen. Diese Schwierigkeiten können z. B. darin bestehen, dass es sich um implizites, das heißt unbewusstes und nicht artikulierbares Wissen handelt, oder darin, dass der Informationssuchende nicht fähig ist, die Information aufzunehmen.[157] Je größer der Wissensbedarf und die Schwierigkeiten im Wissenstransfer, desto mehr Nutzen stiftet die Kundenintegration, bei der der Kunde die Entwicklungsaufgaben, die die Verwendung der sticky information voraussetzen, z. B. mit Hilfe von speziellen kundenfreundlichen Design-Instrumenten (Toolkits) selbst übernimmt. Diese Methode wurde z. B. in der Chip-Industrie im Bereich der Herstellung integrierter Schaltkreise höchst erfolgreich eingesetzt. Dort entwickeln besser informierte Kunden nach ihren Bedürfnissen mit Hilfe von Toolkits die Funktionen ihrer Halbleiter[158] und haben damit im Jahr 2000 eine Wertschöpfung von ca. 6 Milliarden US $ erzielt.[159] Nach der Ressourcenabhängigkeitstheorie bestimmen der Umfang des erforderlichen Wissens und das Ausmaß der Schwierigkeiten beim Wissenstransfer vom Kunden zum Anbieter die Bedeutung der Ressource Kundenwissen und damit den Grad der Abhängigkeit des Anbieters vom Kunden.

Weitere Gestaltungsparameter des Anbieters bei der Kundenintegration sind Anzahl und Auswahl der am besten geeigneten **Kunden**. Zur optimalen Anzahl zu integrierender Kunden werden in der Literatur keine konkreten Zahlen genannt. Die Anzahl sollte weder allzu klein sein, um eine zu große Abhängigkeit zu vermeiden, noch allzu groß, um die Komplexität infolge zusätzlicher Interaktionsprozesse nicht zu sehr zu steigern. Die Ressourcenabhängigkeitstheorie erklärt den Einsatz von mehreren Kunden als buffering Strategie, bei der durch Verfügbarmachen von mehreren Quellen der Kernprozess vor der Manipulation durch einen oder wenige Kunden geschützt werden soll.[160]

Aus der Gruppe der durch Bereitschaft, Fähigkeiten und Wissen qualifizierten Kunden kann der Anbieter dann die für sein Produktentwicklungsziel geeigneten BtB-Kunden auswählen. Für radikale Innovationen sollte er heterogene Kunden mit diversen Wissensquellen zur Er-

---

[157] Von Hippel, E.: Democratizing, 2005, S. 67; Reichwald, R./Piller, F.: Interaktive Wertschöpfung, 2006, S. 57.
[158] Von Hippel, E./Katz, R.: Shifting Innovation, 2002, S. 823.
[159] Thomke, S./Von Hippel, E.: Customers, 2002, S. 80.
[160] Vgl. Kausch, C.: Risk-Benefit Perspective, 2007, S. 175.

zielung einer Wissens- und Ideenvielfalt[161] und Kunden mit Lead User Eigenschaften auswählen.[162] Strebt der Anbieter dagegen eine inkrementelle Produktentwicklung an, dann sollte er eine homogene Kundengruppe auswählen, die aus erfahrenen Stammkunden mit einer starken Beziehung zum Anbieter besteht.[163] Grundsätzlich ist es für den Erfolg der Produktentwicklung von Vorteil, finanziell attraktive Kunden auszuwählen, und von Nachteil, technisch orientierte Kunden zu integrieren, da diese den Erfolg gefährden.[164] Nach der Ressourcenabhängigkeitstheorie lässt sich die Entscheidung anhand der genannten Kriterien als Auswahl der am besten geeigneten Ressourceneigentümer interpretieren und speziell die Vermeidung technisch orientierter Kunden als buffering Strategie zum Schutz der Kernprozesse. Zur Auswahl geeigneter BtC-Kunden steht das Instrumentarium des „Kunden mit Lead User Eigenschaften" zur Verfügung (siehe Kapitel 3.1.1).

Eine weitere Entscheidung trifft der Anbieter darüber, in welcher **Phase der Produktentwicklung** er die Kunden erfolgreich einsetzt. Nach den Forschungsergebnissen von Gruner und Homburg führt die Kundenintegration in den frühen und in den späten Phasen zu einer deutlichen Erhöhung des Produkterfolges, während die Kundenintegration in den mittleren Phasen keine Auswirkung hat.[165] Dabei verwenden Gruner und Homburg ein Modell mit sechs Phasen, indem sie die zweite Phase „Konzeption und Projektauswahl" des fünf Phasenmodells von Ernst in die Phasen Produktkonzeptentwicklung und Projektdefinition unterteilen.[166] Die restlichen Phasen stimmen inhaltlich überein. Somit kann der Kunde in den frühen Phasen „Ideengenerierung und Bewertung" und „Produktkonzeptentwicklung" und in den späten Phasen „Test" und „Markteinführung" erfolgreich integriert werden. Im Gegensatz dazu erbringt die Kundenintegration in den Phasen Projektdefinition und Entwicklung keinen Mehrwert. Dies kann damit erklärt werden, dass diese Phasen von der unternehmerischen Entscheidung und der technischen Entwicklung geprägt sind und beide Aktivitäten nicht zu den Kernkompetenzen des Kunden, sondern zu denen des Anbieters zählen. Nach der Ressourcenabhängigkeitstheorie stellt die Kundenintegration in den beiden frühen Phasen eine bridging Strategie dar. Diese kann je nach Ausgestaltung horizontal

---

[161] Bonner, J./Walker, O.: Selecting Influential BtB Customers, 2004, S. 164; Ernst, H.: Integration, 2004, S. 196; Kausch, C.: Risk-Benefit Perspective, 2006, S. 48.
[162] Brockhoff, K.: Konflikte, 2005, S. 866, 872.
[163] Bonner, J./Walker, O.: Selecting Influential BtB Customers, 2004, S. 164.
[164] Sanden, B./Gustafsson, A./Witell, L.: Role of Customer, 2006, S.38.
[165] Gruner, K./Homburg, C.: Customer Interaction, 2000, S. 11.
[166] Gruner, K./Homburg, C.: Customer Interaction, 2000, S. 7.

oder vertikal erfolgen, je nach dem, ob der Kunde einen Teil seiner Verfügungsmacht, z. B. durch die Regelung der Rechte am geistigen Eigentum an den gemeinsam entwickelten Ideen, behält. Die Integration in den beiden späten Phasen kann als Strategie des bridging in der Ausprägung der horizontalen Integration verstanden werden, weil der Kunde einen Teil seiner Verfügungsmacht behält.[167]

Eine weitere Bestimmungsgröße erfolgreicher Kundenintegration in die Produktentwicklung ist das **Ausmaß der Integration**. Das Ausmaß der Kundenintegration wurde in der Untersuchung von Ernst mit den folgenden sieben Größen und jeweils einer fünf Punkte Skala operationalisiert: frühzeitige Einbeziehung; intensiver formeller und/oder informeller Informationsaustausch; Vorgabe an das Entwicklungsteam, Kundenkontakt zu suchen; Kundenanforderungen als fester Bestandteil der Meilensteinüberprüfungen; Orientierung aller Phasen des Entwicklungsprozess an den Kundenanforderungen; Aufgreifen der Kundenanregungen; Kundenhilfe bei der Problemlösung.[168] Das wichtigste Ergebnis dieser Forschungsarbeit ist der nichtlineare Zusammenhang zwischen Kundenintegration und Produkterfolg in Form der Profitabilität. Zunächst steigt die Profitabilität mit zunehmendem Integrationsgrad, dann erreicht sie ein Maximum und fällt dann wieder ab.[169] Dies ist ein empirischer Nachweis dafür, dass die Kundenintegration nicht nur positive Wirkungen haben kann, sondern dass „zuviel" Integration sogar schadet. Aus diesem Grund stellt die Suche nach der optimalen Kundenintegration ein Optimierungsproblem dar, das anhand der dargestellten Gestaltungsparameter und ihrer jeweiligen Optimalausprägungen für jedes Produktentwicklungsvorhaben individuell entschieden werden muss.[170]

Ein weiterer Gestaltungsparameter für den Anbieter ist der **Grad der Nutzung virtueller Technologie** zur Produktentwicklung mit dem Kunden.[171] Dabei wird unter virtueller Technologie der Einsatz von Systemen zur Kommunikation, Informationssuche, Simulation, Modellierung und Darstellung von Produktprototypen über das Internet verstanden.[172] Erst durch die rasante Technologieentwicklung wurde eine Übertragung komplexer Designaufgaben auf den Kunden möglich. Die Gründe dafür, dass dieser Technologieeinsatz die Kundenintegration optimieren kann, sind

---

[167] Vgl. Kausch, C.: Risk–Benefit Perspective, 2006, S. 175, 176.
[168] Ernst, H.: Erfolgsfaktoren, 2001, S. 178.
[169] Ernst, H.: Erfolgsfaktoren, 2001, S. 305.
[170] Ernst, H.: Integration, 2004, S. 193.
[171] Ernst, H.: Integration, 2004, S. 194, 203.
[172] Ernst, H.: Integration, 2004, S. 194; Dodgson, M./Gan, D./Salter, A.: Procter & Gamble, 2006, S. 339.

vielfältig. Das Internet ermöglicht direkte, interaktive und effizientere Kommunikation mit den Kunden und zwischen den Kunden. Außerdem können via Internet kundenbezogene Daten beschafft, gespeichert, verknüpft und z. B. zur Identifikation von Kunden mit Lead User Eigenschaften verwendet werden.[173] Der Anbieter kann sich für den Einsatz von Toolkits als Innovationsinstrument entscheiden. Ein Toolkit ist ein System von Design-Instrumenten, das den Kunden in die Lage versetzt, seine Produktinnovation selbst zu entwickeln und sein Ergebnis im Weg eines „trial and error" Prozesses sofort bewerten zu können. Die Nutzung von Toolkits zur Produktentwicklung via Internet führt zu einer effizienteren Verteilung der Aufgaben. Sie werden nun dort ausgeführt, wo das spezifische Wissen vorhanden ist.[174] Dabei ist der Anreiz für den Anbieter zur Entwicklung und zum Einsatz von Toolkits umso größer, je heterogener die Kundenbedürfnisse sind[175] und je stärker Produktentwicklung und Produktion bereits über ein Computersystem gesteuert werden.[176] Insgesamt kann der Einsatz virtueller Technologie den Erfolg der Kundenintegration erhöhen, insbesondere wenn er mit anderen Entscheidungen über Gestaltungsparameter, z. B. der Auswahl geeigneter Phasen im Entwicklungsprozess, im Einklang steht. Nach der Ressourcenabhängigkeitstheorie kann der Einsatz dieser Technologien als Kontrolle der In- und Outputschnittstelle zur Sicherung der Stabilität und Vorhersagbarkeit der Austauschbeziehung interpretiert werden.[177]

4.1.3 Rahmenbedingungen für eine erfolgreiche Kundenintegration

Neben den unter 4.1.2 genannten Optimierungsentscheidungen muss der Anbieter geeignete Rahmenbedingungen schaffen, wenn er die Kundenintegration zur Produktentwicklung nutzen will. Im Gegensatz zu den Gestaltungsparametern, bei denen der Anbieter die einzelnen Entscheidungen jeweils auf einem Kontinuum trifft, um seinen Nutzen zu maximieren, müssen die dargestellten Rahmenbedingungen erfüllt sein. Dies ist eine notwendige Bedingung der Kundenintegration, führt aber allein noch nicht zum Erfolg. Zunächst werden die generellen, bereichsübergreifenden Rahmenbedingungen, dann die Gestaltungsaufgaben im Hinblick auf die Informations- und Kommunikationstechnologie sowie das Personalmanagement dargestellt.

---

[173] Ernst, H.: Integration, 2004, S. 194, 195.
[174] Von Hippel, E.: Democratizing, 2005, S. 152.
[175] Von Hippel, E./Katz, R.: Shifting Innovation, 2002, S. 825.
[176] Von Hippel, E./Katz, R.: Shifting Innovation, 2002, S. 830.
[177] Vgl. Knack, R.: Kooperation, 2006, S. 33.

Zunächst erfordert die Kundenintegration ein radikales Umdenken der **Unternehmensführung** mit dem Ziel, den Kunden als Wertschöpfungspartner zu sehen.[178] Außerdem ist die eindeutige Unterstützung durch die Unternehmensleitung notwendig.[179] Damit verbunden ist die Gestaltung der Unternehmenskultur als nach außen offene Kultur.[180] Deutlich sichtbar wird diese Umgestaltung z. B. in der Umbenennung der Entwicklungsabteilung des Unternehmens Procter & Gamble von „Research & Develop" zu „Connect & Develop".[181] Research stand bislang für die eigene Forschung des Unternehmens, während connect nun für die Verbindung externer Vorgaben und Entwicklungen mit den wertschöpfenden Aktivitäten steht.

Des Weiteren ist eine **klare Formulierung der Erwartungen an Kunden und Anbieter** sowie eine klare Aufgabenverteilung erforderlich.[182] Insbesondere müssen auch die Rechte am gemeinsam entwickelten geistigen Eigentum geregelt werden.[183]

Eine weitere Voraussetzung für eine erfolgreiche Kundenintegration ist die **Gestaltung der Anreize** für den Kunden zur Mitwirkung. Unter Anreiz ist der erwartete Nutzen zu verstehen,[184] der z. B. in Transferzahlungen vom Anbieter zum Kunden, im verbesserten Zugang zu Informationen, in Dankschreiben oder in Gewinnchancen u.ä. bestehen kann. Für die Analyse der Anreizgestaltung wird im Folgenden nicht zwischen BtB und BtC unterschieden, weil im einen Fall der Kunde als Unternehmen Ressourcen in Form von Mitarbeiterzeit zur Verfügung stellt und im anderen Fall der Privatkunde seine Zeit zur Verfügung stellt. Beiden Situationen ist gemeinsam, dass nur dann Zeit für die Produktentwicklung zur Verfügung gestellt wird, wenn dafür ein ausreichend großer Nutzen erwartet wird. Diese Nutzenabwägungen sind für BtB und BtC vergleichbar und werden nun näher dargestellt. Der Kundennutzen von einer Integration in die Produktentwicklung kann vielfältige Ausprägungen haben: Er kann in verbesserten Produkten, deren höherer Qualität oder deren erhöhtem

---

[178] Thomke, S./Von Hippel, E.: Customers, 2002, S. 78.
[179] Kausch, C.: Risk-Benefit Perspective, 2007, S. 90; Reichwald, R./Meyer, A./Engelmann, M./Walcher, D.: Innovationspartner, 2007, S. 177.
[180] Ernst, H.: Integration, 2004, S. 204; Reichwald, R./Meyer, A./Engelmann, M./Walcher, D.: Innovationspartner, 2007, S. 177; Charan, R./Lafley, A.: Myths, 2008, S. 6.
[181] Dodgson, M./Gan, D./Salter, A.: Procter & Gamble, 2006, S. 337; Wecht, C.: Aktive Kundenintegration, 2006, S. 1.
[182] Kausch, C.: Risk-Benefit Perspective, 2007, S. 91.
[183] Enkel, E.: Chancen und Risiken, 2006, S. 186.
[184] Reichwald, R./Piller, F.: Interaktive Wertschöpfung, 2006, S. 74.

Grad der Bedürfnisbefriedigung liegen.[185] Er kann auch im Wissenszuwachs liegen, der zu einer Erhöhung der Nutzungsvorteile führt.[186] Auch erweiterte Serviceleistungen sind möglich.[187] Des Weiteren können soziale Vorteile in der Beziehung der innovierenden Kunden untereinander oder zum Anbieter entstehen, etwa in Form von erhöhter Reputation, die zu einer Verbesserung der Chancen am Arbeitsmarkt führt.[188] Der erwartete Nutzen kann auch im Netzwerkeffekt liegen, der im Lauf der Zeit dazu führt, dass der Kunde auch von Innovationen anderer Kunden profitieren kann.[189] Neben diesen extrinsischen, das heißt aus dem Ergebnis abgeleiteten Nutzen gibt es auch intrinsische, das heißt aus der Aktivität abgeleitete, wie z. B. die Ausschöpfung der eigenen Kreativität oder persönliche Neugierde, die Kunden ebenfalls zur Mitwirkung motivieren können.[190] All diese Motive und Nutzen wägt der Kunde vor seiner Zusammenarbeit mit dem Anbieter unter der Unsicherheit ab, ob sich seine Erwartungen erfüllen werden.[191] Wenn die Gestaltung finanzieller Anreize betrachtet wird, gibt es drei Szenarien: Erstens kann es zu einer Transferzahlung des Kunden an den Anbieter, z. B. in Form höherer Preise, kommen. Zweitens kann der Anbieter an den Kunden Transferzahlungen leisten, z. B. in Form von Rabatten. Im dritten Szenario fließt in keine der beiden Richtungen Geld. Brockhoff hat in einem Modell die Bedingungen der verschiedenen Szenarien herausgearbeitet. Danach muss die Partei, die den größeren Vorteil genießt, einen Teil dieses Vorteils an die andere Partei abgeben.[192] Wenn der Nutzenzuwachs des Kunden, der sich auf sämtliche der oben genannten Nutzenkategorien beziehen kann, größer ist als der Bruttogewinn des Anbieters, das heißt der Nettogewinn zuzüglich der Anpassungskosten, dann ist der Kunde bereit, eine Transferzahlung an den Anbieter zu leisten. Diese Zahlungssumme muss jedoch unter dem erwarteten Nutzenzuwachs liegen. Ist der Nutzenzuwachs beim Kunden geringer als der Bruttogewinn beim Anbieter, dann leistet der Anbieter eine Transferzahlung an den Kunden. Wenn der Nutzenzuwachs des Kunden dem Bruttogewinn des Anbieters entspricht, ist keine Ausgleichszahlung erforderlich.[193] Der Zustand, dass der Kunde an der Ent-

---

[185] Reichwald, R./Piller, F.: Interaktive Wertschöpfung, 2006, S. 72; Wecht, C.: Aktive Kundenintegration, 2006, S. 135.
[186] Wecht, C.: Aktive Kundenintegration, 2006, S. 135.
[187] Brockhoff, K.: Konflikte, 2005, S. 867.
[188] Reichwald, R./Piller, F.: Interaktive Wertschöpfung, 2006, S. 73.
[189] Reichwald, R./Piller, F.: Interaktive Wertschöpfung, 2006, S. 72.
[190] Reichwald, R./Piller, F.: Interaktive Wertschöpfung, 2006, S. 75.
[191] Vgl. Enkel, E./Perez-Freije, J./Gassmann, O.: Minimizing, 2005, S. 433.
[192] Brockhoff, K.: Konflikte, 2005, S. 869.
[193] Brockhoff, K.: Konflikte, 2005, S. 869; Von Hippel, E.: Democratizing, 2005, S. 77.

wicklung mitwirkt, ohne dafür eine Gegenleistung zu fordern oder zu erhalten, wird auch als „free revealing" bezeichnet.[194] Neben der dargestellten spieltheoretischen Herleitung des Gleichgewichtes im Fall des „free revealing" gibt es weitere Erklärungen dieses Verhaltens. Geistiges Eigentum ist ohnehin nur schwer und teuer zu schützen und wird früher oder später öffentlich, weil in der Regel viele Kunden am gleichen Thema forschen und arbeiten.[195] Die öffentliche Verfügbarmachung eigener Entwicklungen hat weitere Vorteile: Sie erhöht deren Verbreitungsgrad und kann dadurch Standards setzen. Des Weiteren eröffnet sie die Chance, komplementäre Güter zu verkaufen.[196] Insgesamt setzt die Anreizgestaltung für den Anbieter eine Bewertung der Veränderung seiner Gewinnpotenziale im Verhältnis zum Nutzenzuwachs beim Kunden durch die Kundenintegration voraus. Nur wenn der Anbieter die Nutzen- und Gewinnpotenzialabwägung richtig vorgenommen hat, wird sich ein „Marktgleichgewicht" in Form der Mitwirkungsbereitschaft einer ausreichenden Anzahl geeigneter Kunden einstellen. Nach der Ressourcenabhängigkeitstheorie lässt sich die Anreizgestaltung als Schaffung einer wechselseitigen Abhängigkeit zwischen Kunden und Anbieter zur Sicherstellung des Ressourcenzugangs interpretieren.

Als weitere Voraussetzung muss der Anbieter geeignete **Strukturen** schaffen, um die Kundenbeiträge in die Firmenprozesse zu integrieren[197] und das durch Integration akquirierte Wissen innerhalb des Unternehmens auch für andere Produktentwicklungen zur Verfügung zu stellen. Aus diesem Grund hat z. B. Procter und Gamble seine Entwicklungen mit den Kunden ausgelagert und in einer „Lernfabrik" zusammengefasst.[198]

Zur Kundenintegration kann der Anbieter verschiedene **Instrumente** wählen: Ideenwettbewerbe, als „Aufforderung eines Veranstalters an die Allgemeinheit oder eine spezielle Zielgruppe, themenbezogene Beiträge innerhalb eines bestimmten Zeitraumes einzureichen, die von einem Beurteilungsgremium (…) bewertet und leistungsorientiert prämiert werden",[199] oder die Einbeziehung von Kunden mit Lead User Eigenschaften (siehe Kapitel 3.1.1). Der Anbieter kann auch Toolkits zur Produktinnova-

---

[194] Reichwald, R./Piller, F.: Interaktive Wertschöpfung, 2006, S. 72; Übersetzung der Autorin: freies Verfügbarmachen.
[195] Von Hippel, E.: Democratizing, 2005, S. 77; Reichwald, R./Piller, F.: Interaktive Wertschöpfung, 2006, S. 74.
[196] Von Hippel, E.: Democratizing, 2005, S. 86, 87.
[197] Vgl. Ernst, H.: Integration, 2004, S. 204.
[198] Reichwald, R./Piller, F.: Co-Produktion, 2003, S. 518.
[199] Ernst, H.: Integration, 2004, S. 195; Reichwald, R./Piller, F.: Interaktive Wertschöpfung, 2006, S. 173.

tion verwenden. Die Anforderungen an Toolkits werden weiter unten bei den Anforderungen an die Informations- und Kommunikationstechnologie ausführlich dargestellt. Der Anbieter kann die Entwicklung auch in sog. Communities als virtuelle Gemeinschaften verlagern, in denen die Kunden gemeinsam und interaktiv neue Ideen und Produktvorschläge entwickeln.[200] So hat der Spielwarenhersteller Mattel eine Online Community zur Entwicklung neuer Barbie-Puppen-Designs[201] oder der Computerspiele-Hersteller Nintendo eine Online-Community zur Entwicklung neuer Spiele und zur Identifikation neuer Marktsegmente.[202] Dort können Kunden Spiele bzw. Spielwaren elektronisch nach ihren Wünschen und Bedürfnissen gestalten.

Zur Erfolgsbeurteilung derartiger Instrumente zur Kundenintegration sind **Controlling- und Steuerungsinstrumente** in Form von Maßzahlen und Messsystemen notwendig, die die Kostenstruktur der interaktiven Prozesse erfassen.[203]

Zur Gestaltung der Rahmenbedingungen gehören auch die Anforderungen an die **Informations- und Kommunikationstechnologie** des Anbieters. Wenn der Anbieter sich für die Verwendung von Toolkits entscheidet, so müssen diese folgende Anforderungen erfüllen: Erstens müssen die Kunden durch den Einsatz des Toolkit in die Lage versetzt werden, selbst „trial and error"-Experimente durchzuführen. Zweitens müssen Toolkits einen ausreichend großen Lösungsraum anbieten, das heißt, dem Kunden die Lösung seiner Probleme ermöglichen. Drittens muss die Anwendung für den Kunden vertraut oder zumindest leicht nachvollziehbar sein. Viertens müssen Toolkits eine Auswahl an Standard Design Modulen enthalten und fünftens muss die Toolkit-Anwendung in die Anbieterprozesse, speziell in die Produktion, integriert werden.[204]

Zuletzt werden die Gestaltungsaufgaben im Hinblick auf das **Personalmanagement** dargestellt. Kundenintegration setzt - selbst bei IT-gestützten Kommunikationsprozessen - voraus, dass die Mitarbeiter des Anbieters in der Lage sind, mit den Kunden zu kommunizieren und zu in-

---

[200] Reichwald, R./Meyer, A./Engelmann, M./Walcher, D.: Innovationspartner, 2007, S. 145.
[201] Franke, N./Piller, F. Value Creation, 2004, S. 402; unter http://de.barbiegirls.com/home.html
[202] IBM Studie: Unternehmen der Zukunft, 2008, S. 30; unter http://www.nintendo.de/NOE/de_DE/club_nintendo/club
[203] Piller, F./Möslein, K.: economies of customer integration, 2002, S. 18; Reichwald, R./Piller, F.: Interaktive Wertschöpfung, 2006, S. 155.
[204] Thomke, S./Von Hippel, E.: Customers, 2002, S. 77; Von Hippel, E.: Democratizing, 2005, S. 154.

teragieren, um die Kundenbedürfnisse in Erfahrung zu bringen, zu verstehen und in Produktinnovationen umzusetzen. Diese Interaktionskompetenz des Mitarbeiters besteht aus guten Kommunikationsfähigkeiten und dem Wunsch zu lernen, zu lehren und Wissen über Unternehmensgrenzen hinweg zu transferieren.[205] Der Anbieter benötigt Mitarbeiter, die Veränderungen als Chance und nicht als Bedrohung begreifen. Diese Anforderungen sind sowohl bereits bei der Mitarbeiterauswahl als auch bei der Mitarbeiterentwicklung zu berücksichtigen. Zur Umsetzung der Kundenintegration sollten die Mitarbeiter auch durch geeignete Anreize gesteuert werden, z. B. finanzielle Anreize, Karrierechancen etc.

Insgesamt dient die Erfüllung aller genannten Rahmenbedingungen durch den Anbieter der Sicherstellung und Verbesserung der Fähigkeiten des Anbieters, die knappen und wertvollen Ressourcen Kundenwissen und -erfahrung aufzunehmen und zur eigenen Produktentwicklung zu nutzen (Absorptionsfähigkeit).[206]

---

[205] Prahalad, C./Ramaswamy, V.: Co-opting, 2000, S. 87.
[206] Cohen, W./Levinthal, D.: Absorptive Capacity, 1990, S. 150; Reichwald, R./Piller, F.: Interaktive Wertschöpfung, 2006, S. 84.

4.2 Profile für eine erfolgreiche Kundenintegration

Aus den verschiedenen Forschungsergebnissen können klare Profile Erfolg versprechender Kundenintegration erstellt werden, die sich aus bestimmten Ausprägungen wichtiger Gestaltungsparameter zusammensetzen. In der folgenden Grafik ist dies für den Fall der radikalen Innovation dargestellt.

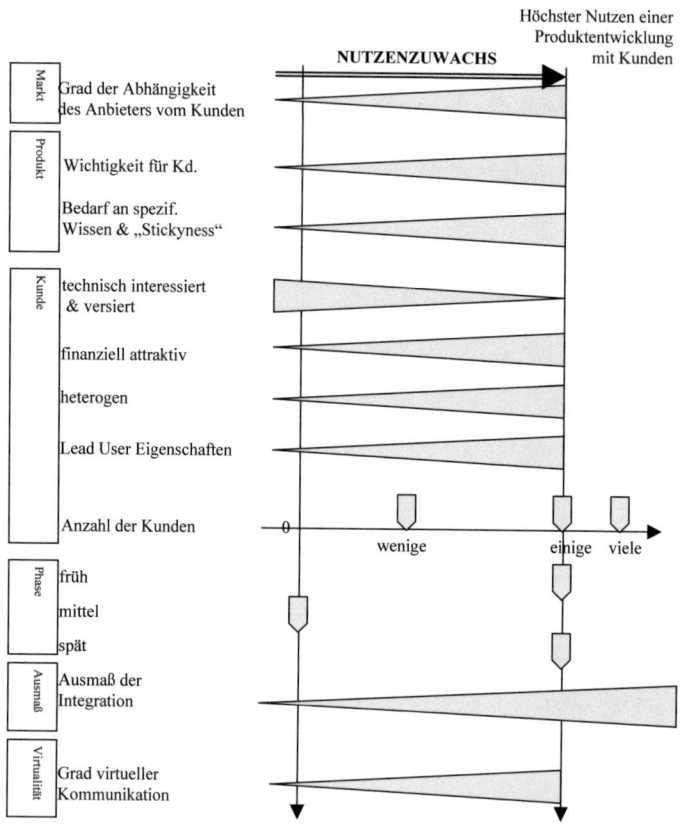

Abb. 2: Kundenintegration in die Neuproduktentwicklung (radikale Innovation)

Für eine radikale Innovation sollten einige der bezeichneten Kunden integriert werden, wenn eine hohe Abhängigkeit des Anbieters vom Kunden, ein für den Kunden wichtiges Produkt und ein hoher Bedarf an spezifischem Wissen aus der Kundensphäre vorliegt. Die Integration sollte in der frühen und der späten Phase mit mittlerer Integrationsintensität und mittels geeigneter IT-Systeme erfolgen.

Nach den Forschungsergebnissen entscheidet der Anbieter über einzelne Gestaltungsparameter in einem eng begrenzten Spielraum. Jedoch muss er bei jeder dieser Entscheidungen seine unternehmerische Verantwortung wahrnehmen und ausüben. Diese Verantwortung, die sich z. B. in der Entscheidung über Abbruch oder Fortführung des Entwicklungsprojektes niederschlägt, muss ganz klar beim Anbieter liegen und darf in keinem Fall durch die Kundenintegration verschleiert oder gar auf den Kunden abgewälzt werden.

4.3 Optimierte Kundenintegration in die Produktherstellung

4.3.1 Gestaltung der optimierten Kundenintegration nach der Transaktionskostentheorie

Die Transaktionskostentheorie ist eine sehr bedeutende Theorie innerhalb der neuen Institutionenökonomik und wurde ursprünglich 1937 von Coase entwickelt, um die Existenz von Unternehmen zu erklären.[207] Dabei werden die Kosten von Transaktionen bei der Nutzung verschiedener „Institutionen" verglichen, mit dem Ziel, bei gegebenen Produktionskosten die transaktionskostenminimale Transaktionsform als effizienteste Organisationsform zu identifizieren. Die Theorie begründet die Entscheidung zwischen den Institutionen Markt oder Hierarchie, aber auch die Gestaltung effizienter Formen unternehmensübergreifender Zusammenarbeit.[208] Unter Transaktionen werden die Übertragungen von Verfügungsrechten für Güter, Dienstleistungen oder Informationen zwischen Wirtschaftssubjekten verstanden.[209] Transaktionskosten sind sämtliche Kosten, die nicht bei der Güterherstellung, sondern im Zusammenhang mit einer Übertragung von Verfügungsrechten sowohl auf Anbieter- als auch auf Kundenseite anfallen. Neben den monetären Kosten sind auch ökonomische Nachteile relevant.[210] Infolge dieser weiten Definition, die auch nicht-monetäre Aufwendungen umfasst, sind die Transaktionskosten

---

[207] Wolf, J.: Organisation, 2008, S. 340, 341.
[208] Ernst, H.: Erfolgsfaktoren, 2001, S. 175; Wolf, J.: Organisation, 2008, S. 352.
[209] Reichwald, R./Piller, F.: Interaktive Wertschöpfung, 2006, S. 33; Wolf, J.: Organisation, 2008, S. 341.
[210] Meffert, H./Bruhn, M.: Dienstleistungsmarketing, 2006, S. 92.

kaum oder nicht messbar.[211] Dies hat zur Folge, dass die Transaktionskostentheorie nur dazu geeignet ist, Tendenzaussagen zu begründen. Nach der Phase ihres Auftretens können folgende Kostenarten unterschieden werden: Anbahnungs-, Vereinbarungs-, Abwicklungs-, Kontroll- und Anpassungskosten. Ursachen der Transaktionskosten sind sowohl die beschränkte Rationalität, nach der nicht alle Beteiligten über das gleiche Wissen verfügen, als auch der Opportunismus, nach dem Akteure sich bietende Möglichkeiten konsequent zur Erzielung eigener Vorteile nutzen, indem sie Schwächen des Transaktionspartners ausnutzen.[212] Als die effiziente Form der Zusammenarbeit gestaltende, unabhängige Variablen wurden die folgenden drei identifiziert: Häufigkeit gleicher Transaktionen, Spezifität erforderlicher Investitionen und Unsicherheit des Transaktionsumfeldes.[213] Der Grad der Spezifität ergibt sich aus dem unterschiedlichen Wert der Investitionen in ihrer gedachten und in der nächst besten Verwendung.[214] Eine hohe Wertdifferenz bedeutet eine hohe Spezifität.

Die Transaktionskostentheorie wird auf die Kundenintegration in die Produktherstellung angewendet, um zu identifizieren, bei welchen Ausprägungen der unabhängigen Variablen die Kundenintegration zu einer Reduzierung der Transaktionskosten führt.[215] Dabei wird untersucht, wie sich die Übertragung und Nutzung von Kundeninformationen in Form von Wissen und Präferenzen auf die Transaktionskosten auswirkt. Bei dieser Wissensübertragung entstehen für Anbieter und Nachfrager monetäre Kosten und ökonomische Nachteile und damit Transaktionskosten. Um die Auswirkungen der Kundenintegration aus Anbietersicht zu untersuchen, werden im Folgenden Tendenzen zur Entwicklung der Transaktionskosten unter der Annahme konstanter Produktionskosten des Anbieters bewertet.

Im Fall einer hohen Häufigkeit gleichartiger Transaktionen mit demselben Kunden besteht nach der Transaktionskostentheorie für den Anbieter eines Standardprodukts die Gefahr opportunistischen Verhaltens durch den Kunden. Kundenintegration – und damit die Individualisierung des Produktes - bewirkt hier, dass der Kunde auch vom Anbieter stärker abhän-

---

[211] Ebers, M./Gotsch, W.: Institutionenökonomik, 1999, S. 227; Wolf, J.: Organisation, 2008, S. 352.
[212] Meffert, H./Bruhn, M.: Dienstleistungsmarketing, 2006, S. 93.
[213] Williamson, O.: Transaction-Cost Economics, 1979, S. 239; Wolf, J.: Organisation, 2008, S. 347.
[214] Williamson, O.: Transaction-Cost Economics, 1979, S. 240.
[215] Vgl. Reichwald, R./Piller, F.: Interaktive Wertschöpfung, 2006, S. 92.

gig wird. Diese wechselseitige Abhängigkeit reduziert die Gefahr opportunistischen Verhaltens beider Akteure und damit die Transaktionskosten in Form der Kontrollkosten.

Auch wenn der Anbieter hohe (kunden)spezifische Investitionen tätigen muss, wird er durch ein mögliches opportunistisches Verhalten des Kunden bedroht. Die Kundenintegration in die Produktherstellung kann hier ebenfalls zu einer Reduktion der Transaktionskosten führen.

Auch im Fall einer hohen Unsicherheit des Transaktionsumfeldes sollte der Kunde integriert werden. Ein hohes Maß an Unsicherheit führt zu einer großen Gefahr opportunistischen Verhaltens und dadurch zu hohen Transaktionskosten des Anbieters. Dem können die Partner nur durch umfangreiche Sicherungsmaßnahmen mit hohen Anbahnungs- und Kontrollkosten begegnen. Durch die Integration wird die Unsicherheit verringert und dadurch werden die Kontrollkosten reduziert. Diese Ableitung deckt sich mit den unter 4.3.2 dargestellten Erkenntnissen, dass Kundenintegration auf - infolge heterogener und schnell veränderlicher Präferenzen - unsicheren Märkten stattfinden sollte.

Insgesamt sinken wichtige Transaktionskostenbestandteile (z. B. Kontrollkosten) durch eine Kundenintegration, wenn eine hohe Häufigkeit gleicher Transaktionen oder eine hohe Kundenspezifität der erforderlichen Investitionen oder eine hohe Unsicherheit des Transaktionsumfeldes vorliegen.[216] Bei einer Gesamtbeurteilung ist allerdings zu berücksichtigen, dass die Kundenintegration selbst Transaktionskosten verursacht. Darüber hinaus ist zu beachten, welche Wechselwirkungen sich aus der Kundenintegration auf die Produktionskosten ergeben (siehe Kapitel 3.3.4).

Im anschließenden Kapitel wird darüber hinaus untersucht, wie die Gestaltungsparameter Eingriffintensität und -tiefe zur Minimierung der Transaktionskosten zu gestalten sind.

Zur Ermittlung der optimierten Kundenintegration in die Produktherstellung durch Produktindividualisierung wurde die Transaktionskostentheorie gewählt, weil – anders als bei der Kundenintegration zur Produktentwicklung - jeder Kunde integriert werden muss. Damit ist diese Kundenintegration ein Massenprozess, dessen laufende zusätzliche Kosten erhebliche Relevanz für den Produkterfolg haben. Deshalb sollte die Kundenintegration mit möglichst geringen Transaktionskosten erfolgen. Die Transaktionskostentheorie gestaltet ähnlich wie die Ressourcenabhängigkeitstheorie die Organisationsgrenzen und die Formen unter-

---

[216] Vgl. Ernst, H.: Erfolgsfaktoren, 2001, S. 175.

nehmensübergreifender Zusammenarbeit.[217] Beide Theorien unterscheiden sich jedoch in ihrem primären Gestaltungsziel: Während das Gestaltungsziel der Transaktionskostentheorie die Minimierung der Transaktionskosten ist, hat die Ressourcenabhängigkeitstheorie die Reduktion der Unsicherheit des Zugangs zu externen Ressourcen zum Ziel.

4.3.2 Optimierungspotenziale für den Anbieter

Der Anbieter entscheidet darüber, in welchem Markt für welches Produkt er welche Kunden(gruppe) in welchem Umfang und wie tief in seine Wertschöpfung integrieren will.

Der Anbieter sollte eine Kundenintegration in die Produktherstellung zur Produktindividualisierung auf schnell veränderlichen **Märkten**[218] mit heterogenen Nachfragerpräferenzen anbieten.[219]

Zur Entscheidung, ob ein **Produkt** individualisiert angeboten werden sollte, gilt im BtC-Bereich, dass bei den Kunden eine höhere Bereitschaft zur Individualisierung bei Produkten besteht, die von Körpergrößen, Kundengeschmack[220] oder Kundenfunktionalitäts-anforderungen - z. B. Funktionsumfang eines PCs - abhängig sind.[221] Auch teure Luxusgüter oder Spezialprodukte mit hoher Bedeutung und einem hohen Grad an Bedürfnisbefriedigung für den Kunden eignen sich für die Individualisierung.[222] Des Weiteren eignen sich besonders gut digitalisierbare Produkte, z. B. Filme oder Nachrichtendienste. Ungeeignet sind dagegen Produkte ohne Differenzierungspotenzial (commodity Güter), z. B. Mehl, Gas etc. oder Güter mit hoher gesetzlicher Reglementierung.[223] Je wichtiger materielle Inputfaktoren für die Produktion sind, desto schwieriger ist die Kundenintegration.[224] Im BtB-Bereich eignen sich die Produkte zur Individualisierung, die für die Wertschöpfung der Geschäftskunden von hoher Bedeutung sind. Hierzu gelten die gleichen Ausführungen wie im Kapitel 4.1.2 zur Bereitschaft der Geschäftskunden zur Produktentwicklung. Insgesamt ist bei der Auswahl für die Individualisierung geeigneter Produkte zu be-

---

[217] Wolf, J.: Organisation, 2008, S. 352.
[218] Pine, J./Bart, V./Boynton, A.: Mass Customization, 1993, S. 114.
[219] Reichwald, R./Piller, F.: Interaktive Wertschöpfung, 2006, S. 22, 26, 54.
[220] Thomke, S./Von Hippel, E.: Customers, 2002, S. 76.
[221] Pine, J./Peppers, D./Rogers, M.: Keep Customers Forever, 1995, S. 108; Wikström, S.: Value Creation, 1996, S. 365; Zipkin, P.: Limits, 2001, S. 85; Reichwald, R./Piller, F.: Interaktive Wertschöpfung, 2006, S. 202.
[222] Pine, J./Peppers, D./Rogers, M.: Keep Customers Forever, 1995, S. 108.
[223] Pine, J./Bart, V./Boynton, A.: Mass Customization, 1993, S. 114.
[224] Pine, J./Peppers, D./Rogers, M.: Keep Customers Forever, 1995, S. 108; Reichwald, R./Piller, F.: Interaktive Wertschöpfung, 2006, S. 93.

achten, dass aus der Nichtexistenz des Produktes im Zeitpunkt des Vertragsschlusses eine erhöhte Unsicherheit für den Kunden resultiert. Die zur Unsicherheitsreduktion erforderlichen Maßnahmen werden in Kapitel 4.3.3 dargestellt.

Bei der **Kundenauswahl** sollte der Anbieter die Produktindividualisierung eher für risikofreudige Kunden anbieten, weil diese sich besser auf Produktmerkmale festlegen können, während risikoscheue Kunden adaptive Produkte bevorzugen, die ihnen während der gesamten Nutzung alle Möglichkeiten lassen.[225]

Der Anbieter wählt die geeignete **Eingriffsintensität** in Gestalt der Kontaktpunkte mit dem Kunden während der Produktherstellung, der Wahlmöglichkeiten des Kunden und der Kontakthäufigkeit aus. Damit bestimmt er den Umfang der Einflussnahme des Kunden auf die Leistungserstellung.[226] Wenn der Anbieter zahlreiche Aufgaben auf den Kunden überträgt, spricht man von einer Externalisierung.[227] Der Umfang und die Qualität der ausgelagerten Aufgaben bestimmen den erforderlichen Koordinationsaufwand mit dem Kunden[228] und damit die Transaktionskosten in Form der Abwicklungs- und Kontrollkosten. Einflussgrößen zur Gestaltung der Eingriffsintensität sind das vom Kunden wahrgenommene Risiko einschließlich risikominimierender Maßnahmen des Anbieters, Produktmerkmale wie Preis, Erfahrung mit dem Produkt und Komplexität und die Qualität des Konfigurationssystems.[229] Der Anbieter muss bei der Gestaltung der Eingriffsintensität nun sowohl die eigenen Transaktionskosten minimieren als auch die des Kunden berücksichtigen, denn wenn dem Kunden sein Aufwand oder sein Risiko zu groß erscheinen, beginnt er die Transaktion nicht oder bricht sie vorzeitig ab. Deshalb sollte der Anbieter das vom Kunden wahrgenommene Risiko z. B. durch eine Garantie[230] oder durch eine Reduktion der Komplexität der angebotenen Wahlmöglichkeiten auf ein den Kundenbedürfnissen entsprechendes Maß[231] reduzieren. Des Weiteren sollte der Anbieter sein Konfigurationssystem so optimieren, dass es einfach zu bedienen ist und dem Kunden alle produzierbaren Möglichkeiten eröffnet. Die Konfigurationsmerkmale des Kunden sollten dann ohne Systemwechsel direkt als Produktionsda-

---

[225] Vgl. Gilmore, J./Pine, J.: Four Faces, 1997, S. 98.
[226] Vgl. Büttgen, M.: Kundenintegration, 2007, S. 30.
[227] Meffert, H./Bruhn, M.: Dienstleistungsmarketing, 2006, S. 54.
[228] Büttgen, M.: Kundenintegration, 2007, S. 70.
[229] Piller, F./Möslein, K.: economies of customer integration, 2002, S. 16.
[230] Jacob, F.: Produktindividualisierung, 1995, S. 212; Wikström, S.: Value Creation, 1996, S. 362.
[231] Blecker, T./Abdelkafi, N./Kaluza, B./Friedrich, G.: Variety Steering, 2003, S. 21.

ten weiterverwendet werden. Weitere Systemanforderungen werden unter 4.3.3. ausgeführt.

Bei der Auswahl der geeigneten **Eingriffstiefe** entscheidet der Anbieter darüber, wie tief der Kunde in seine Wertschöpfung eingreift. Damit wird festgelegt, wo die autonome Disposition des Anbieters über seine Produktionsfaktoren in Form der Vorkombination endet, und wo die integrative Disposition, das heißt die Disposition über die Produktionsfaktoren unter Einbeziehung des Kunden, beginnt.[232] Dieser Punkt wird Interaktionspunkt,[233] order penetration point[234] oder order decoupling point[235] genannt. Bei der Festlegung dieses Punktes hat der Anbieter in der Regel einen Spielraum. Der frühstmögliche Interaktionspunkt bezieht den Kunden bereits in die Produktentwicklung ein.[236] Diese Alternative wurde als Kundenintegration in die Produktentwicklung bereits ausführlich erörtert. Er kann einen etwas späteren Interaktionspunkt wählen und die komplette Produktion auf Basis der Kundenvorgaben ausführen (made to order).[237] Der Anbieter kann den Kunden auch noch später im Produktionsprozess integrieren, indem er z. B. Produktmodule autonom vorproduziert und dem Kunden die Wahl der Kombination verschiedener Module überlässt (assemble to order).[238] Bei der Wahl der optimalen Eingriffstiefe muss der Anbieter folgende Effekte beachten: Je später der Interaktionspunkt im Wertschöpfungsprozess, desto geringer sind die Komplexität der Kundenbeziehung und die damit verbundenen Transaktionskosten. Die möglichen Losgrößen und damit die Nutzung von Skalen- und Kostendegressionseffekten steigen,[239] die Lieferzeiten werden kürzer, weil ein Teil des Produktionsprozesses bereits vor der Kundenbestellung ausgeführt werden kann.[240] Dem stehen folgende Nachteile einer späteren

---

[232] Hildebrand, V.: Individualisierung 1997, S. 33; Piller, F./Ihl, C.: Mythos Mass Customization, 2002, S. 4; Ohlhager, J.: order penetration point, 2003, S. 320; Reichwald, R./Piller, F.: Interaktive Wertschöpfung, 2006, S. 210.

[233] Reichwald, R./Piller, F.: Customer Integration, 2002, S. 19.

[234] Ihde, G.: Relative Betriebstiefe, 1988, S. 16; Jacob, F.: Produktindividualisierung zur Leistungsgestaltung, 1995, S. 138.

[235] Rudberg, M./Wikner, J.: Mass Customization, 2004, S. 445.

[236] Ohlhager, J.: order penetration point, 2003, S. 320; Caglar Can, K.: Model of Relationships, 2008, S. 29.

[237] Piller, F./Möslein, K.: economies of customer integration, 2002, S. 25; Rudberg, M./Wikner, J.: Mass Customization, 2004, S. 447; Caglar Can, K.: Model of Relationships, 2008, S. 29.

[238] Caglar Can, K.: Model of Relationships, 2008, S . 29.

[239] Piller, F./Müller, M.: Kundenorientierung, 2003, S. 59.

[240] Mahler, E./Singh, H.: Planning, 2002, S. 2; Reichwald, R./Piller, F.: Customer Integration, 2002, S. 20; Ohlhager, J.: order penetration point, 2003, S. 321; Reichwald, R./Piller, F.: Interaktive Wertschöpfung, 2006, S. 212.

Kundenintegration gegenüber: Erstens wird die Anzahl der Entscheidungsvarianten für den Kunden reduziert.[241] Zweitens erhöht sich das Bestandsrisiko des Anbieters für die autonom hergestellten Vorprodukte, weil er auf Planungen und Prognosen angewiesen ist.[242] Drittens entstehen dem Anbieter Lagerkosten. Insgesamt schwinden die Vorteile der kundenindividuellen Produktherstellung in Gestalt der economies of integration (siehe Kapitel 3.3.4).[243] Die Interessenlage lässt sich deshalb so zusammenfassen: Wenn die Produktivität – und damit die Produktionskosten - im Vordergrund stehen, sollte der Interaktionspunkt möglichst spät im Wertschöpfungsprozess liegen. Wenn hingegen die Flexibilität bzw. das Erfordernis der Kundenindividualität im Vordergrund stehen, sollte er möglichst früh liegen.[244] Zur Frage nach einem optimalen Verhältnis zwischen standardisierten und individualisierten Anteilen an der Wertschöpfung gibt es ein beachtenswertes Forschungsergebnis: In seiner Untersuchung hat Jacob für die Geschäftsfelder des Produkt- und des Systemgeschäftes die Präferenzprämie, die der Kunde für die Individualisierung bereit ist zu zahlen, sowie die Kosten der Integration für Anbieter und Nachfrager (Transaktionskosten) untersucht.[245] Je stärker die Kosten des Informationsaustausches für den Nachfrager steigen, desto weniger ist er bereit, zusätzlich zu zahlen. Nach Jakob liegt das optimale Verhältnis zwischen standardisierter und individualisierter Produktion bei 20 - 30 % Anteil der Individualisierung und 70 - 80 % Anteil der Standardisierung. Dort ist die Differenz zwischen Zahlungsbereitschaft und Kosten des Informationsaustausches für den Anbieter am größten. Jacob geht des Weiteren davon aus, dass dieses Ergebnis auch auf die Geschäftsfelder Anlagengeschäft und Dienstleistungen übertragbar ist, konnte dies jedoch infolge zu geringer und deshalb statistisch nicht relevanter Fallzahlen nicht nachweisen.[246]

---

[241] Piller, F./Möslein, K.: economies of customer integration, 2002, S. 17.
[242] Caglar Can, K.: Model of Relationships, 2008, S. 33.
[243] Reichwald, R./Piller, F.: Customer Integration, 2002, S. 21; Piller, F./Möslein, K.: economies of customer integration, 2002, S. 17.
[244] Vgl. Piller, F./Möslein, K.: economies of customer integration, 2002, S. 18; Rudberg, M./Wikner, J.: Mass Customization, 2004, S. 446; Caglar Can, K.: Model of Relationships, 2008, S. 31.
[245] Jacob, F.: Produktindividualisierung zur Leistungsgestaltung, 1995, S. 198.
[246] Jacob, F.: Produktindividualisierung zur Leistungsgestaltung, 1995, S. 197, 198.

4.3.3 Rahmenbedingungen für eine erfolgreiche Kundenintegration

Für eine erfolgreiche Produktindividualisierung muss der Anbieter in seinem Unternehmen in den Bereichen Unternehmensführung, Produktion, Logistik, Informations- und Kommunikationstechnologie und Marketing folgende Rahmenbedingungen sicherstellen:

Die **Unternehmensführung** des Anbieters muss zum einen sicherstellen, dass die hohe Bedeutung der Kundenintegration zur Individualisierung im gesamten Unternehmen akzeptiert wird.[247] Zum anderen müssen die Prozesse zur Kundenintegration gestaltet werden. Die Darstellung der einzelnen Prozessschritte erfolgte bereits in Kapitel 2.2.3.

Die Kundenintegration stellt an **Produktion, Logistik, Informations- und Kommunikationstechnologie** erhöhte Anforderungen. Die einzelnen Interaktionen erfordern Prozesse in Zusammenarbeit mit dem Kunden, Dokumentationen und ein Ablaufmanagement. Dies muss durch durchgängige IT-Systeme mit kundenfreundlichen Benutzerschnittstellen (Design-Tools, Konfiguratoren) gesteuert oder zumindest unterstützt werden.[248] Je höher die Komplexität der Kundenwünsche, desto flexibler müssen die Produktionsmaschinen sein.[249] Ein weiteres sehr wichtiges Erfordernis ist die Gestaltung der Distribution der individualisierten Produkte in akzeptabler Zeit.[250]

Zur Reduktion des Risikos, das aus der Nichtexistenz des Produktes zum Zeitpunkt des Vertragsschlusses resultiert, muss der Anbieter **vertrauensbildende Maßnahmen** ergreifen. In der klassischen Aufgabenteilung eines Unternehmens sind dies Marketingaufgaben,[251] sie könnten jedoch auch anderen Organisationseinheiten zugeordnet sein. Neben der Verwendung von Informationen im Rahmen der Kommunikationspolitik kann der Anbieter Garantien[252] und seine Reputation[253] verwenden.[254] Garan-

---

[247] Vgl. Piller, F./Ihl, C.: Mythos Mass Customization, 2002, S. 18; Piller, F./Müller, M.: Kundenorientierung, 2003, S. 60.
[248] Agrawal, M./Kumaresh, T./Mercer, G.: False Promise, 2001, S. 69; Reichwald, R./Piller, F.: Customer Integration, 2002, S. 15; Förster, A./Kreuz, P.: Marketing-Trends, 2006, S. 141.
[249] Zipkin, P.: Limits, 2001, S. 86; Reichwald, R./Piller, F.: Customer Integration, 2002, S. 16.
[250] Agrawal, M./Kumaresh, T./Mercer, G.: False Promise, 2001, S. 68; Zipkin, P.: Limits, 2001, S. 84, 86; Von Hippel, E.: Democratizing, 2005, S. 126.
[251] Vgl. Meffert, H./Bruhn, M.: Dienstleistungsmarketing, 2006, S. 61, 66.
[252] Meffert, H./Bruhn, M.: Dienstleistungsmarketing, 2006, S. 591.
[253] Spremann, K.: Reputation, Garantie, Information, 1988, S. 619.

tien sind freiwillige Versprechen des Anbieters gegenüber seinem Kunden, im Fall der Nichterfüllung eines Versprechens Schadensersatz zu leisten.[255] Sie erfüllen in diesem Zusammenhang die Aufgaben, dem Kunden Qualität zu signalisieren und die Kosten für die Informationsbeschaffung zu reduzieren.[256] Anbieterreputation besteht aus dem Ansehen und dem guten Ruf und soll dem Kunden ein Strafandrohungspotenzial für den Fall der Schlechtleistung ermöglichen.[257]

---

[254] Spremann, K.: Reputation, Garantie, Information, 1988, S. 613; Reichwald, R./Piller, F.: Customer Integration, 2002, S. 15.
[255] Hogreve, J.: Dienstleistungsgarantien, 2007, S. 24.
[256] Hogreve, J.: Dienstleistungsgarantien, 2007, S. 76, 90.
[257] Spremann, K.: Reputation, Garantie, Information, 1988, S. 619.

4.4 Profile für eine erfolgreiche Kundenintegration

Insgesamt folgen aus den verschiedenen Forschungsergebnissen auch für die Kundenintegration in die Produktherstellung klare, Erfolg versprechende Profile, die sich aus bestimmten Ausprägungen wichtiger Gestaltungsparameter zusammensetzen. In der folgenden Grafik ist dies für den Fall Integration eines Privatkunden (BtC) mit dem Ziel hoher Produktivität dargestellt.

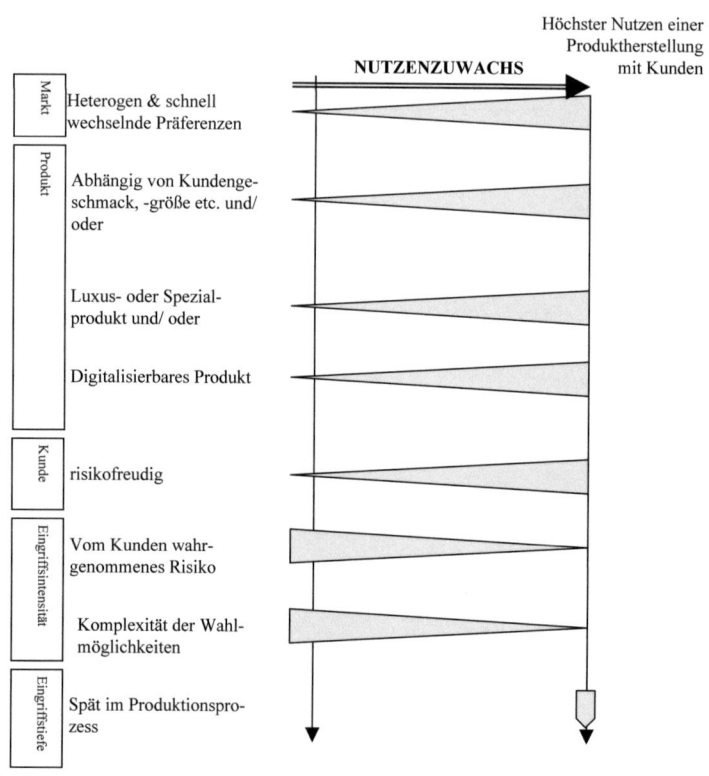

Abb. 3: Kundenintegration in die Produktherstellung (BtC), Ziel: hoher Produktivität

Wenn Markt, Kunden und Produkt dazu geeignet sind, kann der Anbieter die Kundenbedürfnisse besser befriedigen, indem er den Kunden die Ausgestaltung des Produktes durch Auswahl der passenden Varianten überlässt. Die Aufgabe des Anbieters besteht dann darin, den Lösungsraum als eine Menge möglicher Kombinationen verschiedener, für den Kunden wichtiger Varianten zu gestalten.[258] Weil eine angebotene Variantenvielfalt für sich alleine jedoch keinen Wert darstellt,[259] setzt auch diese Gestaltung Wissen über die relevanten Kundenbedürfnisse voraus. Sie ist ausschließlich Aufgabe des Anbieters, Teil seiner unternehmerischen Verantwortung und entscheidet über seinen Erfolg am Markt. Diese Verantwortung kann und darf der Anbieter nicht auf den Kunden übertragen. Statt eines Produktes offeriert der Anbieter dem Kunden sein Leistungspotenzial für einen klar definierten Entscheidungsspielraum zur Gestaltung des individuellen Produktes. Aus einem Produkthersteller wird ein Dienstleistungsanbieter, der auf all die Herausforderungen des Dienstleistungsmanagements trifft.[260] Entscheidet sich der Anbieter für Kundenintegration, muss er im Rahmen seiner Marktstrategie festlegen, ob er neben der Integration auch die Massenproduktion fortführen will. Falls dies der Fall ist, ist eine präzise Trennung der beiden Formen für unterschiedliche Produktlinien zur Vermeidung von Kannibalisierungseffekten erforderlich.[261]

---

[258] Vgl. Piller, F./Ihl, C.: Mythos Mass Customization, 2002, S. 3.
[259] Blecker, T./Abdelkafi, N./Kaluza, B./Friedrich, G.: Variety Steering, 2003, S. 2.
[260] Vgl. Piller, F./Ihl, C.: Mythos Mass Customization, 2002, S. 16.
[261] Piller, F./Ihl, C.: Mythos Mass Customization, 2002, S.9.

5 Fazit

Insgesamt lässt sich die Frage, ob und wie der Kunde im Mittelpunkt der Wertschöpfung stehen sollte, nur für das konkrete Produkt anhand der Situation und Zielsetzung entscheiden. Die Vorgehensweise des Anbieters nach den Ergebnissen dieser Arbeit ist in der folgenden Grafik zusammengefasst:

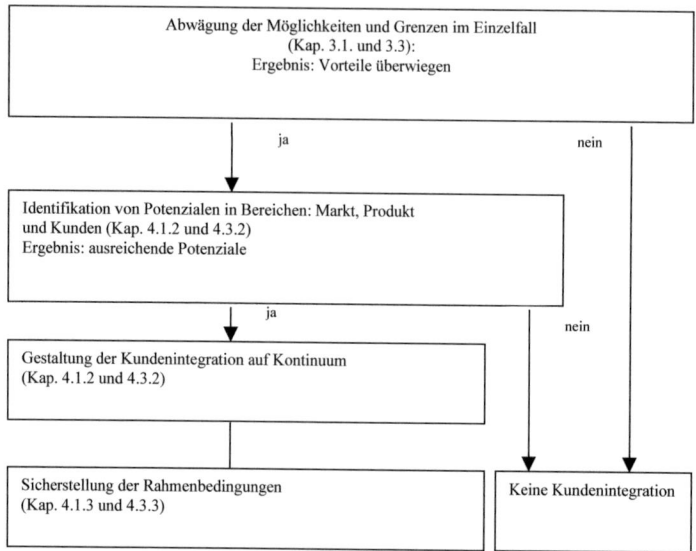

Abb. 4: *Struktur der Anbieterentscheidung für die interaktive Wertschöpfung*

Der Anbieter sollte die Möglichkeiten und Grenzen im konkreten Einzelfall abwägen und die Potenziale von Markt, Kunden und Produkt beurteilen. Wenn nach der Bewertung die Vorteile überwiegen, sollte er die Kundenintegration gestalten. Die Gestaltung der Produktindividualisierung durch Kundenintegration ist dabei keine ja/nein-Entscheidung, sondern auf einem Kontinuum zwischen vollständiger Standardisierung und vollständiger Individualisierung einzuordnen.[262] Der Anbieter kann die Kunden in die Produktentwicklung und/oder in die Produktherstellung integrieren. Immer jedoch erfordert eine erfolgreiche Kundenintegration bestimmte Rahmenbedingungen.

Ziel des Anbieters muss es dabei sein, durch Kombination der internen und externen Ressourcen die bestmögliche Form zu finden, mit der er die

---

[262] Lampel, J./Mintzberg, H.: Customizing Customization, 1996, S. 21.

Kundenbedürfnisse erfüllen kann, um seine Marktchancen zu sichern und zu verbessern.

Dabei bleibt dem Anbieter kein allzu großer Ermessensspielraum, weil nach den vorgestellten Forschungsergebnissen für die untersuchten Gestaltungsparameter nutzenoptimale Ausprägungen abgeleitet werden können. Auch die Ermessensreduktion auf Null verbunden mit der Schlussfolgerung, dass der Kunde in einer bestimmten Form integriert werden muss, weil z. B. der Wettbewerb dies erfordert, ist möglich.

Als Alternative zur Kundenintegration in die Produktentwicklung oder -herstellung kann der Anbieter auch adaptive Produkte wählen. Diese können dann nach dem Kauf entweder vom Kunden oder vom Anbieter als Dienstleistung im Rahmen des Kundendienstes an die individuellen Kundenbedürfnisse angepasst werden oder sie passen sich z. B. mittels modernster Sensortechnologie selbst an.[263] Bei der Entwicklung dieser Produkte trägt der Anbieter jedoch die gleiche Verantwortung wie bei der Kundenintegration in die Produktherstellung. Es gilt, dem Kunden nur eine auf dessen Bedürfnisse zugeschnittene Auswahl zu geben und ihn nicht mit zu vielen Funktionen, z. B. einer Fernbedienung, zu überfordern.[264]

Im Rahmen einer kritischen Würdigung der Forschungsergebnisse und der sonstigen Literatur bleiben Zweifel an der Kausalität zwischen Kundenintegration und Erfolg, weil andere Entwicklungen, denen das Anbieterunternehmen gleichzeitig ausgesetzt ist, unberücksichtigt bleiben.[265] Kritisch bleibt ebenfalls anzumerken, dass die identifizierten Gestaltungsparameter aus verschiedenen Arbeiten stammen. Es gibt kaum Untersuchungen zu den Wechselwirkungen dieser Parameter. Ein weiterer Kritikpunkt an der existierenden Literatur besteht darin, dass es nur sehr wenige vage Gestaltungsempfehlungen zur Operationalisierung gibt.[266]

Insgesamt ist die Kundenintegration in die Wertschöpfung keine Erfolgsgarantie und sollte keinesfalls generell - dem gegenwärtigen Trend folgend - eingesetzt werden. Dem Mythos der Kundenintegration, der versucht, ein allgemeingültiges Handlungsmuster zu behaupten, gilt es durch differenzierende Analysen auf Basis der dargestellten Forschungsergebnisse im Einzelfall Erfolg versprechende Konzepte entgegenzusetzen.

---

[263] Gilmore, J./Pine, J.: Four Faces, 1997, S. 97.
[264] Zipkin, P.: Limits, 2001, S. 85.
[265] Piller, F./Ihl, C.: Mythos Mass Customization, 2002, S. 4.
[266] Piller, F./Ihl, C.: Mythos Mass Customization, 2002, S. 20.

Literaturverzeichnis

Agrawal, Mani/Kumaresh, T.V./Mercer, Glenn, A.
[False Promise, 2001]: The False Promise of Mass Customization, in McKinsey Quaterly 38 (3/2001), S. 62- 71

Alam, Ian [New Service Development, 2006]:
Process of Customer Interaction in New Service Development, in Edvardsson, Bo/Gustafsson, Anders/Kristensson, Per/Magnusson, Peter/Matthing, Jonas (Hrsg.): Involving Customers in New Service Development – Series on Technology Management – Bd. 11, London 2006, S. 15-31

Arndt, Lars [Grenzmanagement, 2007]:
Grenzmanagement und die Dualität von Öffnung und Schließung im Kontext der Selbststeuerung in der Logistik
http://www.sfb637.uni-bremen.de/pubdb/repository/SFB637-A2-07-002-IIIA.pdf , 12.08.2008

Bartl, Michael [Virtuelle Kundenintegration, 2006]:
Virtuelle Kundenintegration in die Neuproduktentwicklung, 1. Aufl., Wiesbaden 2006

Biltz, Peggy [Marketing, 2002]:
In Marketing, One Size Does Not Fit All, in Dairy Foods (2002), S. 6

Blecker, Thorsten u.a. [Variety Steering, 2003]:
Key Metrics System for Variety Steering in Mass Customization,
http://mpra.ub.uni-muenchen.de/8970/1/mcpc_variety.pdf, 27.9.2008

Bonner, Joseph. M./Walker, Orville C. Jr.
[Selecting Influential BtB Customers, 2004]: Selecting Influential Business- to Business Customers in New Product Development: Relational Embeddedness and Knowledge Heterogeneity Considerations, in Journal of Product Innovation Management 21 (3/2004), S. 155-169

Brockhoff, Klaus [Konflikte, 2005]:
Konflikte bei der Einbeziehung von Kunden in die Produktentwicklung, in Zeitschrift für Betriebswirtschaft 75 (9/2005), S. 859-877

Büttgen, Marion [Kundenintegration ,2007]:
Kundenintegration in den Dienstleistungsprozess: eine verhaltenswissenschaftliche Untersuchung, 1. Aufl., Wiesbaden 2007

Caglar Can, Kemal [Model of Relationships, 2008]:
Postponement, Mass Customization, Modualrization and Customer Order Decoupling Point: Building the Model of Relationships, Master Thesis, Linköping University, http://www.essays.se/essay/6a7e1aa9ad/ 27.9.2008

Campbell, Alexandra/Cooper, Robert [Customer Partnerships,1999]:
Do Customer Partnerships Improve New Product Success Rates?, in Industrial Marketing Management 28 (5/1999), S. 507-519

Charan, Ram/Lafley Alan George [Myths, 2008]:
Innovation Myths, in Leadership Excellence, 25 (6/2008), S. 5-6

Cohen, Wesley/Levinthal, Daniel [Absorptive Capacity, 1990]:
Absorptive Capacity: A New Perspective on Learning and Innovation, in Administrative Science Quaterly, 35 (1/1990), S. 128-152

Dodgson, Marc/Gan, David/Salter, Ammon
[Procter & Gamble, 2006]: The role of technology in the shift towards open innovation: the case of Procter & Gamble, in R&D Management, 36 (3/2006), S. 333-346

Ebers, Marc/Gotsch, Wilfried [Institutionenökonomik, 1999]:
Institutionenökonomische Theorien der Organisation, in Kieser, Alfred (Hrsg.): Organisationstheorien, 3. Aufl., Stuttgart, 1999, S. 199-251

Enkel, Ellen [Chancen und Risiken, 2006]:
Chancen und Risiken der Kundenintegration, in Gassmann, Oliver/Kobe, Carmen (Hrsg.): Management von Innovation und Risiko Quantensprünge in der Entwicklung erfolgreich managen, Heidelberg, 2006, S. 171-186

Enkel, Ellen/Perez-Freije, Javier/Gassmann, Oliver
[Minimizing, 2005]: Minimizing Market Risks Through Customer Integration in New Product Development: Learning form Bad Practice, in Creativity and Innovation Management, 14 (4/2005), S. 425-437

Ernst, Holger [Erfolgsfaktoren, 2001]:
Erfolgsfaktoren neuer Produkte Grundlagen für eine valide empirische Forschung, 1. Aufl., Wiesbaden, 2001

Ernst, Holger [Integration, 2004]:
Virtual Customer Integration – Maximizing the impact of customer integration on new product performance, in: Albers, Sönke (Herausgeber): Cross-functional Innovation Management. Perspectives from Different Disciplines, Wiesbaden 2004, S. 191-208

Förster, Anja/Kreuz, Peter [Marketing-Trends, 2006]:
Marketing Trends Innovative Konzepte für ihren Erfolg, 2. Aufl., Wiesbaden, 2006

Foscht, Thomas/Swoboda, Bernhard [Käuferverhalten, 2007]:
Käuferverhalten Grundlagen – Perspektiven – Anwendungen, 3. Aufl., Wiesbaden 2007

Franke, Nikolaus/Piller, Frank Thomas [Value Creation, 2004]:
Value Creation by Toolkits for User Innovation and Design: The case of the Watch Market, in Journal of Product Innovation Management 21 (6/2004), S. 401-415

Gilmore, James H./Pine, Joseph II [Four Faces, 1997]:
The Four Faces of Mass Customization, in Harvard Business Review 75 (1/1997), S. 91-101

Grün, Oscar/Brunner, Jean Claude
[Wenn der Kunde mit anpackt, 2003]: Wenn der Kunde mit anpackt, Wertschöpfung durch Co-Produktion, in Zeitschrift Führung + Organisation 72 (2/2003) S. 87-93

Gruner, Kjell/Homburg, Christian [Customer Interaction, 2000]:
Does Customer Interaction Enhance New Product Success?, in Journal of Business Research, 49 (1/2000) S. 1-14

Heinbokel, Torsten u.a. [Don't underestimate, 1996]:
Don't underestimate the problems of user centredness in software development projects-there are many!, in Behaviour & Information Technology, 15 (4/1996), S. 226-236

Herstatt, Cornelius/Lüthje, Christian/Lettl, Christopher
[Breakthrough Innovationen, 2003]: Fortschrittliche Kunden zu Breakthrough-Innovationen stimulieren, in: Herstatt, Cornelius/Verworn, Birgit (Hrsg.): Management der frühen Innovationsphasen, Wiesbbaden 2003, S. 57-71

Hildebrand, Volker [Individualisierung, 1997]:
Individualisierung als strategische Option der Marktbearbeitung: Determinanten und Erfolgswirkungen kundenindividueller Marketingkonzepte, 1. Aufl., Wiesbaden, 1997

Hogreve, Jens [Dienstleistungsgarantien, 2007]:
Die Wirkung von Dienstleistungsgarantien auf das Konsumentenverhalten, 1. Aufl., Wiesbaden, 2007

IBM Studie [Unternehmen der Zukunft, 2008]:
Das Unternehmen der Zukunft, Global CEO Study, http://www-935.ibm.com/services/de/bcs/html/ceostudy.html, 20.06.2008

Ihde, Gösta [relative Betriebstiefe, 1988]:
Die relative Betriebstiefe als strategischer Erfolgsfaktor, in Zeitschrift für Betriebswirtschaft, 58 (1/1988), S. 13-23

Jacob, Frank [Produktindividualisierung, 1995]:
Produktindividualisierung als spezielle Form des Dienstleistungsmarketing im Business to Business Bereich, in Kleinaltenkamp, Michael (Hrsg.): Dienstleistungsmarketing Konzeptionen und Anwendungen, Wiesbaden, 1995, S. 195-223

Jacob, Frank
[Produktindividualisierung zur Leistungsgestaltung, 1995]:
Produktindividualisierung. Ein Ansatz zur innovativen Leistungsgestaltung im Business-to-Business Bereich, 1. Aufl., Wiesbaden, 1995

Kaplan, Andreas M./Schoder, Detlef/Haenlein, Michael
[Factors, 2007]: Factors Influencing the Adoption of Mass Customization: The Impact of Base Category Consumption Frequency and Need Satisfaction, in Journal of Product Innovation Management, 24 (2/2007), S. 101-116

Katz, Ralph, Allen Thomas [NIH Syndrome, 1982]:
Investigating the Not Invented Here syndrome: A look at the performance, tenure, and communication patterns of 50 R&D Groups, in R & D Management 12 (1/1982), S. 7-19

Kausch, Christoph [Risk-Benefit Perspective, 2007]:
A Risk-Benefit Perspective on Early Customer Integration, 1. Aufl. Bamberg 2007

Knack, Robert [Kooperation, 2006]:
Wettbewerb und Kooperation Wettbewerberorientierung in Projekten radikaler Innovation, 1. Aufl., Wiesbaden 2006

Koufteros, Xenophon/Vonderembse, Marc/Jayaram, Jayanth
[External Integration, 2005]: Internal and External Integration for Product Development: The Contingency Effects of Uncertainty, Equivocality, and Platform Strategy, in Decision Sciences, 36 (1/2005) S.97-133

Kujala, Sari [User Involvement, 2006]:
User Involvement: a review of the benefits and challenges, in Behaviour & Information Technology, 22(1/2003), S. 1-16

Kuß, Alfred [Marketing, 2006]:
Marketing- Einführung Grundlagen, Überblick, Beispiele, 3.Aufl. Wiesbaden, 2006

Lampel, Joseph/Mintzberg, Henry
[Customizing Customization, 1996]: Customizing Customization, in Sloan Management Review, 38 (1/1996) S. 21-30

Leonard, Dorothy/Rayport, Jeffrey [Empathic Design, 1997]:
Spark Innovation Through Empathic Design, in Harvard Business Review 75 (6/1997), S. 102-113

Lichtenthaler, Ulrich/Ernst, Holger [NIH Syndrome, 2006]:
Attitudes to externally organising knowledge management tasks: a review, reconsideration and extension of the NIH syndrome, in R&D Management 36 (4/2006), S. 367-386

Littler, Dale/Leverick, Fiona/Bruce Margaret [Factors, 1995]:
Factors Affecting the Process of Collaborative Product Development: A Study of UK Manufacturers of Information and Communications Technology Products, in Journal of Product Management, 12 (1/1995), S. 16-32

Mahler, Ed/Singh, Harpal [Planning, 2002]:
Sales and Operation Planning, http://www.supplychain.com/docs/sandop.pdf 27.09.2008

Meffert, Heribert/Bruhn, Manfred [Dienstleistungsmarketing, 2006]:
Dienstleistungsmarketing Grundlagen – Konzepte – Methoden, 6. Aufl., Wiesbaden 2006

Olhager, Jan [order pentration point, 2003]:
Strategic positioning of the order penetration point, in International Journal of Production, 85 (3/2003) S. 319-329

Pfeffer, Jeffrey/Salancik, Gerald [External Control, 1978]:
The External Control of Organizations: a Resource Dependence Perspective, 1. Aufl.,New York, 1978

Piller, Frank T./Ihl, Christoph [Mythos Mass Customization, 2002]:
Mythos Mass Customization: Buzzword oder praxisrelevante Wettbewerbsstrategie, Arbeitsbericht Nr. 32, http://www.prof-reichwald.de/ 18.9.2008

Piller, Frank T./Möslein, Katrin
[economies of customer integration, 2002]: From economies of scale towards economies of customer integration: Value creation in mass customization based electronic e-commerce, Arbeitsbericht Nr. 31, http://www.prof-reichwald.org/ 12.06.2008

Piller, Frank T./Müller, Melanie [Kundenorientierung, 2003]:
Neue Wege zu konsequenter und effizienter Kundenorientierung, in Information Management und Consulting 18 (Sonderausgabe/2003),S.54-61

Pine, Joseph II/Peppers, Don/Rogers, Martha
[Keep Customers Forever, 1995]: Do You Want to Keep Your Customers Forever?, in Harvard Business Review 73 (2/1995), S. 103-114

Pine Joseph II/Victor, Bart/Boynton, Andrew C.
[Mass Customization, 1993]: Making Mass Customization Work, in Harvard Business Review 71 (5/1993), S. 108-119

Porter, Michael Eugene [Wettbewerbsvorteile, 2000]:
Wettbewerbsvorteile Spitzenleistungen erreichen und behaupten, 6. Aufl., Frankfurt/Main 2000

Poznanski, Steffi [Kundenintegration, 2007]:
Wertschöpfung durch Kundenintegration, eine empirische Untersuchung am Beispiel von Strukturierten Finanzierungen, 1. Aufl., Wiesbaden 2007

Prahalad, Coimbatore Krishnarao/Ramaswamy Venkatram
[Co-opting, 2000]: Co-opting Customer Competence, in Harvard Business Review 78 (1/2000), S. 79-87

Reichwald, Ralf u.a. [Innovationspartner, 2007]:
Der Kunde als Innovationspartner: Konsumenten integrieren, Flop-Raten reduzieren, Angebote verbessern, 1. Aufl., Wiesbaden 2007

Reichwald, Ralf/Piller, Frank T.
[Customer Integration, 2002]: Customer Integration: Formen und Prinzipien einer Integration der Kunden in die unternehmerische Wertschöpfung, Arbeitsbericht Nr. 26,
http://www.prof-reichwald.org, 12.06.2008

Reichwald, Ralf/Piller, Frank T. [Co-Produktion, 2003]:
Von Massenproduktion zu Co-Produktion. Kunden als Wertschöpfungspartner, in: Wirtschaftsinformatik 45 (5/2003), S. 515-519

Reichwald, Ralf/Piller, Frank, T. [Interaktive Wertschöpfung, 2006]:
Interaktive Wertschöpfung: Open Innovation, Individualisierung und neue Formen der Arbeitsteilung, 1. Aufl., Wiesbaden 2006

Rudberg, Martin/Wikner, Joakim [Mass Customization, 2004]:
Mass Customization in terms of the customer order decoupling point, in Production, Planning & Control, 15 (4/2004) S. 445- 458.

Sanden, Bodil/Gustafsson, Anders/Witell, Lars
[Role of Customer, 2006]: The Role of the Customer in the Development Process, in Edvardsson, Bo/Gustafsson, Anders/Kristensson, Per/Magnusson, Peter/Matthing, Jonas (Herausgeber): Involving Customers in New Service Development – Series on Technology Management – Bd. 11, London 2006, S. 33-56

Sandmeier, Patricia [Extreme Innovation, 2003]:
Extreme Innovation Lektionen für die industrielle Kundenintegration aus der Software Industrie, in: Herstatt, Cornelius/Verworn, Birgit (Hrsg.): Management der frühen Innovationsphasen, Wiesbaden 2003, S. 183-198

Spremann, Klaus [Reputation, 1988]:
Reputation, Garantie, Information, in Zeitschrift für Betriebswirtschaft, 58 (5/6/1988) S. 613-929

Tollin, Karin [Customization, 2002]:
Customization as a business strategy – a barrier to customer integration in product development?, in Total Quality Management 13 (4/2002), S. 427–439

Thomke, Stefan/Von Hippel, Eric [Customers, 2002]:
Customers as Innovators. A New Way to Create Value, in Harvard Business Review, 80 (4/2002), S. 74-81

Ulwick, Anthony [Customer Input, 2002]:
Turn Customer Input into Innovation, in Harvard Business Review 80 (1/2002) S. 91- 97

Van den Bosch, Frans /van Riel Cees [Buffering and Bridging, 1998]:
Buffering and Bridging as Environmental Strategies of Firms, in Business Strategy and the Environment 7 (1/1998) S. 24 -31

Von Hippel, Eric/Katz, Ralph [Shifting Innovation, 2002]:
Shifting Innovation to Users via Toolkits, in Management Science 48 (7/2002), S. 821-834

Von Hippel, Eric [Democratizing, 2005]:
Democratizing Innovation, 1. Aufl., Cambridge, MA 2005

Waller, Christian M. [Value, 2006]:
From Experience to Value, in Becker, Thorsten/Friedrich, Gerhard/Hvam, Lars/Edvards, Kasper (Herausgeber): Customer Interaction and Customer Integration – Series on Business Informatics and Application Systems – Bd. 2, Berlin, 2006, S. 469-476

Wecht, Christoph H. [Aktive Kundenintegration, 2006]:
Das Management aktiver Kundenintegration in der Frühphase des Innovationsprozesses, 1. Aufl., Wiesbaden 2006

Wikström, Solveig [Value Creation, 1996]:
Value Creation by Company-Consumer Interaction, in Journal of Marketing Management 12 (5/1996), S. 359-374

Williamson, Oliver [Transaction-Cost Economics, 1979]:
Transaction-Cost Economics: The Governance of Contractual Relations, in Journal of Law and Economics, 22 (2/1979), S. 233-261

Wolf, Joachim [Organisation, 2008]:
Organisation, Management und Unternehmensführung, 3. Aufl., Wiesbaden 2008

Zipkin, Paul, [Limits, 2001]:
The limits of Mass Customization, in MIT Sloan Management Review 42 (3/2001), S.81-87

o.V. [Interaktion, 1988]:
Interaktion, in Gabler Wirtschaftslexikon (Hrsg.): Gabler Wirtschaftslexikon, 16. Aufl. Wiesbaden 2004, Band E-J, S. 1524

o.V. [Integration, 1988]:
Integration, in Gabler Wirtschaftslexikon (Hrsg.): Gabler Wirtschaftslexikon, 16. Aufl. Wiesbaden 2004, Band E-J, S. 1519

o.V. [Mythos, 2008]:
Mythos, 20. Jahrhundert, in Wikipedia,
http://de.wikipedia.org/wiki/Mythos#20._Jahrhundert; 04.10.2008

o.V. [Wertschöpfung, 2008]:
Definitionen: Wertschöpfung, in wirtschaftslexikon24,
http://www.wirtschaftslexikon24.net/d/wertschoepfung/wertschoepfung.html
05.07.2008